중학교 국어책이
쉬워지는
쓰기 수업

중학교 국어책이 쉬워지는 쓰기 수업

김소라 지음

팜파스

작가의 말

　이 책은 중학교 국어 교과서에 수록된 문학 작품을 통해 창조적인 글쓰기를 탐구하는 방법을 제시합니다. 읽기의 완성은 쓰기란 말이 있습니다. 교과서에 수록된 문학 작품은 뛰어나고 엄선된 것들입니다. 어휘력의 보고이기도 합니다. 12색 색연필로 그린 그림과 48색 색연필로 그린 그림 중 어떤 그림이 더욱 풍부한 색감으로 표현될까요? 바로 48색 색연필로 그린 그림이겠죠. 글쓰기는 바로 표현할 수 있는 어휘를 확장하는 좋은 방법입니다. 생각을 수많은 색깔로 표현할 수 있게 됩니다.

　모든 교과의 시험은 논술형으로 바뀌어갑니다. 정답을 맞히는 방식의 교육에서 탈피해 '너의 생각이 무엇이니?'를 답할 수 있는 방식의 교육을 지향합니다. 4차 산업혁명으로 로봇 시대가 열리면서 일의 형태는 창조적이고 융합적인 발상을 기반으로 변화해갑니다. 대량 생산과 대량 소비의 산업화 시대에는 당연히 효율적인 생산성이 중요했습니다. 빨리 지식을 습득하고 결과를 도출해내는 인재를 원했습니다. 기계적이고 반복적으로 일하는 사람들이 필요했습니다.

그러나 시대는 변해갑니다. 지식을 암기하는 것은 아무런 의미가 없습니다. 언어의 장벽은 사라지고 지식은 끊임없이 변화합니다. 기존의 생각을 바꿔보고 이미 존재하는 것들을 융합하면서 자신만의 무언가를 표현해야 합니다.

글쓰기는 생각의 표현이자 내 안의 무언가를 끄집어내는 행위입니다. 창작 교육이 전무한 대한민국에서 글쓰기 교육이 앞으로 더욱 중요해지는 이유입니다. 정답은 바로 내 안에 있습니다. 100명이 한 가지의 답을 선택하는 것은 구시대적인 발상입니다. 이제는 100명이 100가지의 대답을 갖고, 100개의 길을 만들어가는 시대가 되었습니다.

"나는 글쓰기에 재능이 없어요. 배워서 뭐해요?"
"어릴 때 일기도 안 썼는데, 이제 와 글을 쓰면 뭐가 달라지겠어요? 작가가 될 것도 아닌데요."

글쓰기를 마냥 어렵게 느끼는 학생이 많습니다. 글쓰기를 놀이나 게임처럼 얼마든지 즐길 수 있는데 말이죠. 처음 글을 배웠을 때를 생각해보세요. 엄마, 아빠, 나무, 사과 등을 종이에 삐뚤빼뚤 쓰면서 재미를 느꼈을 거예요. 매일매일 똑같이 쓰고 또 써도 재미있었던 순간! 막대기 하나를 갖고 놀이터 모래에 글씨를 써본 경험도 있을 거예요.

글을 쓰는 것은 특별히 뭐가 되기 위해서가 아닙니다. 앞으로 뭐가 될지 모르지만, 글쓰기를 하면서 내 안의 무언가를 발견할 수 있습니다.

"저는 아무도 모르게 『안네의 일기』처럼 비밀 일기를 써요. 저에게 글쓰기는 친구 같아요."

"저는 재미있는 이야기를 상상해서 쓸 때면 신이 나요!"

"초등학교 때 시 공모전에 입선해서 버스 정류장에 내가 쓴 시가 걸린 적이 있어요. 그때 가슴이 벅찼어요. 내 글을 누군가가 읽는다는 것만으로도 무척 기뻤어요."

"저는 초등학교 6학년 때 선생님이 우리 반 문집을 만들어주셨는데, 그때 모든 친구의 글이 한 편씩 문집에 실렸어요. 내 글이 책으로 나온 것 같아 뿌듯했어요."

우리는 모두 창조자로 태어납니다. 남이 하라는 대로, 시키는 대로 살기 위해 태어난 것이 아닙니다. 내 안의 열망을 표현하고, 자신의 가치를 세상에 드러낼 때 살아갈 이유를 찾습니다. 글쓰기 자체가 직업과 바로 연결되는 것은 아닐지라도 다른 일을 하는 데 중요한 매개체가 될 수 있습니다. 어떤 일을 선택하든 간에 글쓰기를 하면 재미있게 살 수 있는 법을 스스로 터득하게 되니까요.

이 책에서는 중학교 국어 교과서에 수록된 문학 작품을 통해 창조적인 글쓰기를 하는 방법을 배워봅니다. 글쓰기를 놀이나 게임으로 즐기는 방법입니다. 내가 작가가 되어 작품을 새롭게 재창조할 수 있습니다. 어떤 글쓰기도 두렵지 않을 자신만의 무기를 얻게 될 거예요.

각 장마다 글쓰기 스승과의 만남, 발견의 재미, 창조의 즐거움, 글쓰기 연습으로 나눠 내용을 전개했습니다. 글쓰기 스승과의 만남은 소설, 시, 수필 등을 쓴 작가의 삶을 엿보면서 작가에 대해 알아가는 부분입니다. 발견의 재미는 작가의 글쓰기 스타일이 무엇인지 탐구하고 찾아내는 항목입니다. 작품을 통해서 작가별 특징이나 독특한 글쓰기 비법을 배워봅니다. 창조의 즐거움은 유형별 글쓰기를 소개합니다. 마지막으로 글쓰기 연습은 자신만의 방법으로 글쓰기 훈련을 해보는 것입니다.

글쓰기 스승을 만나고, 글쓰기 스승의 스타일을 모방하고, 결국 나의 글을 창조하는 것. 배움은 이렇게 누군가가 앞서간 길을 따라가는 것에서부터 시작되지 않을까요. 글쓰기도 마찬가지입니다. 무에서 유를 만들어내는 것은 어렵습니다. 창조는 수많은 재료를 나만의 방식으로 가공해내는 법을 배우면서 이루어집니다.

차례

작가의 말   …4

생각을 자유롭게 표현하다
아이디어를 글감으로 발전시키기

01 페터 빅셀의 「책상은 책상이다」 …16
　　단어 모으기 게임

02 나희덕의 「배추의 마음」 …27
　　꼬리에 꼬리를 무는 문장 잇기

03 니콜라이 고골의 「외투」 …39
　　일상의 사물을 있는 그대로 묘사하기

04 쉘 실버스타인의 『아낌없이 주는 나무』 …53
　　그림카드로 상상력 더하기

지식과 경험을 나열하다
문장력과 표현력 강화하기

01 박완서의 「꼴찌에게 보내는 갈채」 …66
   스스로 질문하고 답하기

02 박성룡의 「풀잎」 …78
   나열된 단어를 조합하기

03 엄광용의 『이중섭, 고독한 예술혼』 …88
   한 사람을 위한 짧은 기록

04 리처드 바크의 『갈매기의 꿈』 …103
   생동감이 느껴지는 대화체

소통하는 글로 스킬 업
논리적으로 설득력 있게 내용 전달하기

01 황인숙의 「말의 힘」 ⋯118
　ㄱ부터 ㅎ까지 숨은 단어 찾기

02 박경화의 『고릴라는 핸드폰을 미워해』 ⋯131
　찬성과 반대 입장

03 안도현의 「우리가 눈발이라면」 ⋯141
　눈과 귀를 사로잡는 이름 짓기

04 법정의 「먹어서 죽는다」 ⋯152
　원인과 결과 파악하기

술술 읽히는 글은 따로 있다
주제가 있는 한 편의 글 완성하기

01 조지 오웰의 『동물농장』 …168
   인터뷰의 재발견

02 작자 미상, 「아기장수 우투리」 …183
   옛이야기를 새롭게 각색하기

03 허먼 멜빌의 『필경사 바틀비』 …193
   창조적으로 모방하기

04 윤동주의 「새로운 길」 …205
   시의 언어로 만나는 일상

중학교 국어 교과서 수록 도서

01. 페터 빅셀의 「책상은 책상이다」
02. 나희덕의 「배추의 마음」
03. 니콜라이 고골의 「외투」
04. 쉘 실버스타인의 『아낌없이 주는 나무』

페터 빅셀의

「책상은
책상이다」

단어 모으기 게임

★ 존재하는 모든 것과 교감한 페터 빅셀

페터 빅셀은 스위스의 대표적인 현대 작가입니다. 젊은 시절 13년 동안 초등학교 교사로 재직한 경력이 있습니다. 스위스의 모든 교과서에는 페터 빅셀의 글이 실려 있을 정도로 편안한 일상의 이야기 속에서 의미를 이끌어내는 작품을 썼습니다. 그래서일까요? 스위스 국민의 존경과 사랑을 받는 작가 중 한 명입니다.

페터 빅셀은 1935년 스위스의 루체른에서 태어나 올텐에서 성장했다고 합니다. 스위스 남서부 지방의 루체른을 찾아보니, 유명한 관광 중심지입니다. 14세기의 도시 성벽은 물론 르네상스와 바로크 풍의 집이 있는 곳이어서 예스러운 분위기를 풍깁니다. 스위스의 학교들이 몰려 있고, 법원 소재지인 곳입니다. 호수에서 증기선도 운행되고, 사계절 다양한 축제가 열리기도 합니다. 반면 올텐은 작은 시골 마을 같은 곳입니다. 핸드메이드 제품이 유명한 동네라네요.

페터 빅셀은 이야기를 한다는 것은 시간을 다루는 일이라고 했습니다. 삶은 시간으로 이루어져 있죠. 시간이 영원하지 않다는 것을 살아가면서 알게 됩니다. 죽지 않고 살아가는 사람은 단 한 명도 없기에 작가들은 끊임없이 이야기를 만들어내는 것 아닐까요. 결국 모든 사람은 죽음을 향해 갈 수밖에 없는 무거운 주제를 항상 생각하고 있습니다. 그렇지만 아이러니하게도 그는 시간이 많은 어른이 되고 싶었다고 합니다. 유한한 시간 속에서 바쁘게 살아가는 게 아닌 무언가 감탄하고 자세히 관찰하는 일을 하면서 살고 싶다고 말했습니다.

페터 빅셀이 열 살 무렵 이웃에 사는 바흐오프너 부부의 집에 자주 들러 농사일을 거들었던 일을 추억하면서 쓴 글이 한 편 있습니다. 바로 「그저 한 인간에 불과했던 황소」입니다. 어린 시절 작가의 체험담을 쓴 것입니다.

바흐오프너 부부가 기르는 황소 한 마리를 아랫마을로 몰고 가는 일을 맡게 되었는데, 사실 황소는 씨를 받기 위한 수소였습니다. 몸집이 크고 거대한 황소를 작은 소년이 어떻게 몰고 갔을까요? 소를 몰고 가면서 너무 무서워 덜덜 떨었다고 합니다. 하지만 어찌된 영문인지 황소는 다른 사람의 말은 전혀 듣지 않고, 소년만 오면 순한 양이 되어버립니다. 특별한 능력이 소년에게 있었다고 사람들은 생각했나 봐요. 마지막으로 소년이 황소를 몰고 갈 날이 왔습니다. 그곳은 도살장이었어요. 소년은 황소의 죽음을 슬퍼하며 눈물을 흘렸습니다.

페터 빅셀은 모든 사람이 위협적인 존재라고 여긴 황소와 친구가 되었습니다. 존재하는 모든 것과 교감하는 연습은 어쩌면 훗날 글을 쓰는 데 큰 힘이 되지 않았을까요.

⭐ 대체 왜 그렇게 불러야 하지?

 반복되는 일상에 무력감을 느낀 한 남자가 있습니다. 그는 자신의 방에 있는 모든 사물의 이름을 바꾸어 부르기로 결심합니다. 예를 들어 책상은 침대로, 침대는 서랍으로, 서랍은 시계로, 공책은 컵으로, 양탄자는 옷장으로, 사진첩은 거울로 바꾸었죠. 울린다는 세워놓는다로 바꾸고, 시리다는 본다로 바꾸고, 놓여 있다는 울린다로 바꿉니다. 이렇게 자기 마음대로 말을 바꾸면 어떻게 될까요? 차츰 원래 사물의 이름을 잊어버리게 되고, 사람들과 이야기하는 데 어려움을 느껴요. 세상에 스며들지 못하고 단절된 채 자신만의 세계에 갇혀 사는 주인공의 이야기입니다.

 「책상은 책상이다」는 1970년대 말 우리나라에 처음 번역된 작품입니다. 언어와 소통의 문제를 다루고 있습니다. 여러분들은 내 말을 누군가가 이해하지 못한다는 느낌을 받은 적 없나요? 돈키호테는 풍차를 거인으로 착각해서 말을 타고 습격하기도 합니다. 바보 같은 행동을 하는 엉뚱한 주인공이죠. 세상에 의문을 제기하고 현실을 부정하는 사람들은 이렇듯 소통의 문제를 겪기도 합니다. 그렇지만 엉뚱 발랄함이 천재적인 발상으로 이어질 때가 종종 있습니다.

가끔 엉뚱한 상상을 해보면 어떨까요? 혼자만의 말놀이나 내가 창조하는 말의 세계를 통해 페터 빅셀처럼 상상력을 발휘해보는 거예요.

⭐ 떠오르는 단어를 모으고 가공해보기

　단어 모으기를 나만의 게임으로 활용하면 좋습니다. 처음부터 문장을 쓰고 단락을 이어 한 편의 글을 대단하게 완성할 필요는 없습니다. 글쓰기는 단어 모으기에서부터 시작할 수 있습니다.

　예를 들어 '겨울' 하면 떠오르는 단어를 모두 모아보는 거예요. 눈, 고드름, 눈사람, 눈싸움, 눈썰매장, 패딩, 장갑, 군밤, 군고구마, 모자, 털신, 부츠, 스키, 호떡, 호빵, 코코아, 흰색, 얼음, 겨울방학 등이 있습니다. '중국요리'와 관련한 단어를 말해볼까요? 짜장면, 탕수육, 짬뽕, 팔보채, 군만두, 볶음밥, 잡채밥, 깐풍기, 양장피 등이 있겠죠. '학교' 하면 떠오르는 단어는? 시험, 성적, 교복, 교과서, 가방, 책상, 칠판, 선생님, 친구, 점심시간, 소풍, 수학여행, 운동회 등이 있습니다. 이외에도 더 많은 것을 쓸 수 있습니다.

　광고를 만드는 사람들은 한 단어를 뽑아내기 위해서 머리를 쥐어뜯습니다. 상품을 소비자에게 각인시키는 이름을 짓기 위해서 무작정 단어를 수집합니다. 대개 광고를 만들기 위해서는 창의적인 능력이 뛰어나야 한다고 생각합니다. 과연 그럴까요? 좋은 광고는 단어를 모으고 수집하는 정보 또는 발품을 파는 노력에서 비롯됩니다. 관련 단어, 유사 단어를 모두 찾아 적어두고 계속 가공해나가는 것이죠.

여러분도 단어부터 모아보세요. 단어 모으기 게임은 연습하듯 매일매일 해나가면 좋습니다.

★ 단어는 또 다른 단어를 데려오고

다음의 제시어를 보고 연관되는 단어나 생각나는 단어를 무조건 많이 써봅시다.

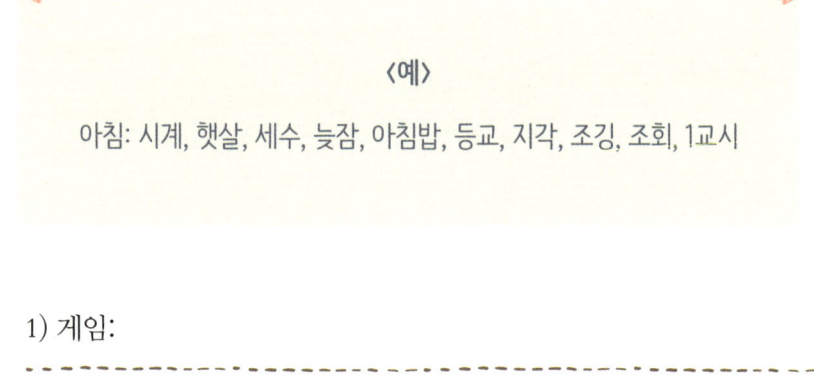

〈예〉
아침: 시계, 햇살, 세수, 늦잠, 아침밥, 등교, 지각, 조깅, 조회, 1교시

1) 게임:
----

2) 가수:
----

3) 음식:
----

4) 시골:
----

5) 여름방학:
----

6) 생일:
----

8) 엄마:
----

9) 쓰레기:
----

10) 여행:
----

11) 시험:
----

12) 크리스마스:
----

13) 동물원:
----

14) 올림픽:
----

15) 친구:

나희덕의
「배추의 마음」

꼬리에 꼬리를 무는
문장 잇기

⭐ 감각적인 시어를 구사하는 나희덕

나희덕 시인은 중학교 1학년 때 윤리 교사가 써준 시를 읽고 감동받았던 일을 기억합니다. 시집을 사서 읽고 또 읽으면서 시인이 되었다고 해요. 시인은 타고나는 게 아니라 만들어진다고 했습니다. 다만 시인이 될 만한 계기는 존재할 수 있기에 우연하고도 작은 경험을 필연적으로 만들려는 노력을 하라고 조언했습니다. 1989년 신춘문예로 당선한 이후 『사라진 손바닥』, 『말들이 돌아오는 시간』 등의 시집과 『반통의 물』 등의 산문집, 『보랏빛은 어디에서 오는가』, 『한 접시의 시』와 같은 시론집을 펴낸 바 있습니다.

시인은 과연 어디에서 영감을 받을까요? 모든 것입니다. 아름다운 것, 순수한 것, 보기 좋은 것뿐 아니라 더럽고 추잡한 현실도 담아냅니다. 나희덕 시인은 〈동아일보〉에 쓴 칼럼에서 아버지가 돌아가신 후 유품 중 '틀니'를 보게 된 일을 말했습니다. 화학물질로 된 치아 사이로 침과 음식물이 더 이상 드나들지 않는 틀니의 입장을 생각하면서 시를 썼다고 합니다. 다양한 사물에는 그 사람의 이야기가 담겨 있겠죠. 아버지의 틀니에 관한 시가 바로 「숨은 숨」입니다.

그녀는 상처투성이의 연약하고 소외된 존재들을 시어로 되살려내고자 합니다. 여성 시인으로서 여성의 마음을 잘 표현한 시집으로 유명합니다. 『그녀에게』라는 시선집에서는 여자들에게 따뜻한 밥 한 끼 지어 먹이고 싶은 마음으로 썼다고 적었습니다. 밥을 먹는 것처럼 시를 짓는다고 한 것이 인상적입니다.

밥은 매일매일 먹어야 합니다. 밥을 하루만 굶어도 제대로 힘을 낼 수 없습니다. 밥과 같은 시를 쓰는 시인이라면 '시가 밥이다'라고 생각할 수 있겠죠. 밥 없이 하루도 못 사는 것처럼, 시 없이 하루도 못 사는 것! 여러분에게는 이것 없이 하루도 못 산다고 말할 만한 것이 있나요?

★ 하나의 생각에서 비롯된 문학적 감수성

배추의 마음

나희덕

배추에게도 마음이 있나보다
씨앗 뿌리고 농약 없이 키우려니
하도 자라지 않아
가을이 되어도 헛일일 것 같더니
여름내 밭둑 지나며 잊지 않았던 말
— 나는 너희로 하여 기쁠 것 같아
— 잘 자라 기쁠 것 같아

늦가을 배추포기 묶어주며 보니
그래도 튼실하게 자라 속이 꽤 찼다

― 혹시 배추벌레 한 마리
이 속에 갇혀 나오지 못하면 어떡하지?
꼭 동여매지도 못하는 사람 마음이나
배추벌레에게 반 넘어 먹히고도
속은 점점 순결한 잎으로 차오르는
배추의 마음이 뭐가 다를까
배추 풀물이 사람 소매에도 들었나보다

「배추의 마음」이라는 시입니다. 배추를 보면서 배추의 마음을 느껴본 다는 시인의 발상이 새롭습니다. 나희덕 시인은 이 시를 아이들이 날마다 소리 내어서 읽으며 가슴속에 생명을 품을 수 있는 그릇 하나를 만들었으면 하는 바람으로 썼다고 합니다. 배추 한 포기 일구는 마음의 정성이 느껴집니다.

'배추에게도 마음이 있나보다'라고 쓴 첫 행을 살펴볼까요? 모든 사물을 의인화해서 살아 있음을 느끼는 것은 만물을 소중히 여기는 태도겠죠. 배추의 마음과 사람의 마음이 교감되는 일은 결국 자연과 인간이 하나라는 생각과도 연결됩니다. 작은 것을 소중히 여기고 따뜻한 시선으로 사물을 바라보는 마음을 이 시에서 배울 수 있습니다.

나희덕 시인은 아마도 꼬리에 꼬리를 무는 생각을 한 것 같아요. 배추를 바라보니 문득 배추에게도 마음이 있을 것 같다고 상상하면서 글을 써 내려갔을 거예요. '배추를 키우면서 자라가는 너희들을 보면 기뻐'라고 느꼈겠죠. 그런데 '배추 속에 배추벌레가 있으면 어떡하지?'라는 걱정도 들고, '배추벌레를 함부로 죽일 수는 없잖아'라는 고민도 하게 됩니다. 배추벌레가 배추를 먹고, 그 배추를 사람이 먹는 과정을 그려본 거예요. 이 모든 생각은 하나에서 연결된 것들입니다. 생각의 꼬리가 연결될 때마다 더 많은 생각으로 확장됩니다. 시인의 문학적 감수성은 바로 꼬리에 꼬리를 물고 이어지는 생각에서 비롯되지 않을까요.

⭐ 호기심을 불러일으키는 첫 문장

글쓰기는 생각의 꼬리를 이어나가게 만듭니다. 말로는 정리되지 않는 것들이 글쓰기를 통해서 명확해지고, 비로소 질문의 답을 찾아가게 됩니다. 말을 배우는 아이들은 끊임없이 "왜?"라고 질문합니다. 세상에 대한 무한한 호기심, 사물에 대한 궁금증이 질문을 낳는 것이죠.

끝말잇기와 같은 놀이는 시간 가는 줄 모르는 말놀이입니다. 선생님이 끝말잇기 한번 해보겠습니다.

기차 - 차표 - 표범 - 범인 - 인사 - 사이다 - 다시마 - 마이크 - 크리스마스 - 스리랑카 - 카메라 - 라디오 - 오징어 - 어부 - 부산 - 산책 - 책가방 - 방앗간 - 간장 - 장난꾸러기 - 기분 - 분화구 - 구사일생 - 생일 - 일상 - 상수리나무 - 무지개 - 개나리 - 리본 - 본드 - 드라마

끝도 없이 이어지는 단어는 꼬리에 꼬리를 무는 생각으로 이어집니다. 끝말잇기를 하다 보면 말을 이어나가는 재미를 느낄 수 있습니다. 끝말잇기처럼 글쓰기를 해보면 어떨까요.

시작하는 문장을 하나 써봅니다.

"오늘 나는 학교에 지각했다." (시작하는 문장)

그런 다음 인물, 사건, 배경, 상황 등 머릿속에 떠오르는 대로 이어나갑니다.

- 오늘 나는 학교에 지각했다.
- 어젯밤 늦게 잤기 때문이다.
- 엄마 몰래 게임을 했다.
- 잠을 잔다고 말하고는 이불을 뒤집어쓰고 게임을 했다.
- 게임을 하다 보니 잠이 오지 않아서 유튜브 동영상을 봤다.
- 몇 시에 잠이 들었는지 잘 모르겠다.
- 엄마는 내가 늦게 일어나서 "어디 아픈 거 아니니?"라고 걱정하셨다.
- 아침밥을 먹는 둥 마는 둥 하고 학교에 갔다.

- 늦게 잠을 잔 다음 날은 하루 종일 피곤하다.
- 오늘은 꼭 일찍 자야지.

밤늦게까지 게임을 하다 보면 이런 일이 생기죠. 또 다른 문장으로 시작을 해봅시다. 아주 말도 안 되는 상황을 설정해보는 거예요.

"내 방문을 열고 들어갔더니 어마어마하게 큰 몬스터가 침대에 누워 있었다." (시작하는 문장)

이런 문장은 상상력을 발휘해서 뒷이야기를 쓰게 만들죠. 소설가 김영하는 말도 안 되는 문장이나 감당하기 어려운 첫 문장을 써놓고 뒷이야기를 수습해나가는 것이 소설 쓰기라고 했습니다. 소설가는 이야기를 만들어내는 이야기꾼입니다. 우리 모두 꼬리에 꼬리를 무는 글쓰기를 통해서 작가가 될 수 있겠죠?

★ 이런 일이 나에게도 일어난다면?

다음의 첫 문장으로 이야기를 더 만들어서 글을 완성해봅시다.

✏️ 어느 날 아침 일어나보니 나는 외딴섬에 혼자 있었다.

✏️ 나는 스마트폰의 인공지능 '시리'와 친구가 되었다.

✏️ 공룡의 DNA를 연구하는 과학자가 공룡을 실제로 복원해냈다. 스테고사우루스라는 공룡의 새끼를 실험실에서 키우고 있다는 뉴스가 보도됐다.

✏️ 길을 가다가 검은색 가죽 지갑을 주웠다.

✏️ 나는 다른 사람의 마음이 보이는 특별한 안경을 갖고 있다.

니콜라이 고골의

「외투」

일상의 사물을
있는 그대로 묘사하기

⭐ 일상 언어를 자유자재로 다룬 니콜라이 고골

　니콜라이 바실리예비치 고골. 이름이 참 길죠. 우크라이나의 시골에서 태어나 학교를 마친 후 러시아 상트페테르부르크의 관공서에서 하급관리로 일했습니다. 시와 소설을 썼으나 깊은 인상을 남기지 못하고, 절대로 소설가가 되지 못할 거라는 냉혹한 평을 받기도 했습니다. 순탄치 못한 시작이었어요. 하지만 그는 마흔세 살의 나이로 세상을 떠난 이후, 러시아 최고 작가 중 한 명으로 이름을 남겼습니다.

　젊은 시절 고골은 좌절을 겪으면서 친구에게 편지를 남겼습니다. 아름다운 일을 하나도 하지 못해서 이름을 남기지 못하고 티끌로 사라질 운명이라는 생각이 들면 얼굴에 식은땀이 난다는 내용이었습니다. 세상에 태어나 자신의 존재를 알리지 못하는 것을 끔찍하다고 표현했습니다.
　러시아 사회에서 우크라이나(당시 소러시아)의 풍습이나 관습은 낯선 것이었습니다. 야심을 품고 우크라이나에서 상트페테르부르크로 떠났지만, 젊은 고골에게는 만만치 않은 큰 벽이었습니다. 그럼에도 작가의 길을 고집하고 글을 쓴 지 10년이 지나지 않아 당대 최고의 작가로 성장했습니다.

고골은 러시아 상류사회가 아닌 우크라이나의 시골을 무대로 평범한 사람들의 이야기를 썼습니다. 자신의 민족적 정체성을 잃지 않으려고 애썼습니다. 뛰어나게 성공한 사람들의 이야기보다는 소시민적인 사람들의 가난과 병듦, 시샘, 사랑 등을 쓰고자 했습니다. 작가로서 명성을 얻은 것은 총 여덟 편의 단편소설을 수록한 소설집 『디칸카 근교의 야화』를 발표하면서입니다. 유명한 단편으로는 「코」, 「외투」, 「감찰관」, 「광인일기」 등이 있습니다.

과연 고골이 작가로 성공한 비결은 무엇이었을까요?
고골의 작품은 누구든 쉽게 알 수 있는 표현이 특징입니다. 섬세한 배경 및 인물 묘사, 세세한 사연뿐 아니라 일상의 사물 같은 평범한 소재를 사용합니다. 간단하고 쉬운 단어로 말이죠. 역사에 이름을 남긴 위대한 소설가라고 해서 어렵고 심오한 이야기를 쓰지 않습니다. 우리가 고골이라는 작가에게 배워야 글쓰기는 '보이는 대로 쓰기', '쉽게 쓰기', '들은 것 그대로 쓰기' 등입니다.

⭐ 머릿속에 구체적인 장면이 그려지듯

관리의 성씨는 바시마치킨이다. 성씨 자체에서 바로 드러나듯이 그것은 장화에서 비롯되었다. 그러나 언제, 어디서, 어떻게 이 성씨가 장화에서 비롯되었는지는 전혀 알려진 바 없다. 아버지도, 할아버지도, 심지어 처남까지도, 바시마치킨 집안 사람들은 1년에 세 번 정도 밑창을 갈았을 뿐, 늘 장화를 신고 다녔다.

_ 니콜라이 고골, 이기주 옮김, 『코, 외투, 광인일기, 감찰관』, 펭귄클래식코리아(2010), 76쪽

성은 바시마치킨, 이름은 아카키 아카키예비치. 9등급 문관으로 관청에서 문서를 정서하는 일을 하는 사람이 주인공입니다. 아무도 주의를 기울이지 않지만, 직무에는 충실한 사람입니다. 빠듯한 수입으로 제대로 된 외투 한 벌 마련하기 힘든 아카키에게는 닳고 해져 바람을 막을 수 없는 누더기 같은 옷이 전부입니다. 수년 동안 덧대어 고쳐 입은 외투는 더

이상 고칠 수 없는 옷이 되어버렸습니다. 단골 재봉사 페트로비치는 새 옷을 지어야만 한다고 강력히 말합니다. 연봉의 절반 정도에 해당하는 비싼 새 옷을 지어야만 한다는데, 당연히 주인공은 고민할 수밖에 없죠.

결국 돈을 저축하고, 포상금 받은 것을 모아 한 벌의 외투를 장만하게 됩니다. 아카키는 외투가 평생의 반려자인 양 행복해합니다. 새 외투를 입고 관청에 출근한 날 모두들 축하 인사를 건넵니다. 연회를 베풀어야 한다고까지 말합니다. 부계장은 아카키를 위해 자신의 집에서 축하 연회를 열고 관리들을 초대합니다. 새 옷을 입었을 뿐 아카키는 전혀 달라지지 않았는데 사람들은 호들갑을 떱니다. 카드놀이를 하며 차를 마시고 대화를 나누는 그 자리를 아카키는 즐기지 못합니다. 무료한 시간을 보내다가 자신의 새 외투를 입고 집으로 돌아갑니다.

즐거운 기분으로 길을 가던 중 갑작스레 강도가 나타납니다. 강도는 외투는 내 거라고 소리치며 아카키의 외투를 벗깁니다. 외투를 도둑맞은 아카키는 방범 초소로 달려가 호소하지만, 누구도 관심을 기울이지 않습니다. 다음 날 경찰서장과 더 높은 중요한 인사를 찾아가서 하소연합니다. 그럼에도 불구하고 아카키의 말을 들어주는 사람은 없습니다. 생명과도 같았던 새 외투를 잃어버린 그는 열병에 시달리다 끝내 숨을 거두고 맙니다. 아카키가 남긴 유산은 거위 깃털 펜 한 다스, 관청용 백지 한 묶음, 양말 세 켤레, 떨어진 단추 두세 개, 낡은 외투가 전부였습니다.

「외투」의 줄거리는 쉽고 단순합니다. 그렇지만 줄거리보다 더 눈여겨 봐야 할 점은 사물을 상세하게 묘사하는 방식입니다. 고골이 아카키가 평소 입고 다니던 낡은 외투를 어떻게 묘사했는지 볼까요?

> 그의 제복은 녹색이 아니라 어쩐지 불그스레한 밀가루 빛을 띠고 있었다. 옷깃은 좁고 낮아서, 그의 목이 실상 그리 길지 않음에도 옷깃에서 삐죽 올라온 품이, 러시아에 거주하는 외국인들이 수십 개씩 머리에 이고 팔러 다니는, 고개를 흔드는 고양이 석고상처럼 기다랗게 보였다. 게다가 그의 제복에는 건초 쪼가리, 혹은 실밥 같은 것이 항상 들러붙어 있었다. (중략) 집에서 외투를 면밀하게 살펴본 후 외투 등허리와 어깨 부분 몇 군데가 무명처럼 닳아 있음을 발견했다. 나사(羅紗) 천은 속이 비칠 정도로 해졌고 안감은 누더기가 되어 있었다. 아카키 아카키예비치의 외투 역시 관리들의 웃음거리가 될 만했다. 사람들은 외투라는 고상한 명칭을 박탈하고, 그것을 덮개라고 부르곤 했다. 실제로 그것은 기이한 구조를 갖추고 있었다. 다른 부위를 덧대

느라 옷깃은 해마다 점차 줄어들었다. 덧댄 곳은 분명 재봉사의 바느질이 아니었고, 마치 자루처럼 늘어진 것이 보기 흉했다.

_ 니콜라이 고골, 이기주 옮김, 『코, 외투, 광인일기, 감찰관』, 펭귄클래식코리아(2010), 79~82쪽

얼마나 누더기 같은 외투인지 상상이 가나요? 이뿐만 아니라 재봉사 페트로비치의 모습, 아카키가 일하는 상황, 페테르부르크의 거리, 새 외투의 특징, 죽어가는 아카키의 상태 등이 상세하게 묘사되어 있습니다.

묘사는 그림을 그리듯 표현하는 기술입니다. 머릿속에 그림이 그려지는 글은 생생한 느낌을 줍니다. 만약 아카키의 외투를 단순히 '누더기처럼 낡은 옷이었다. 새로 옷을 맞출 수밖에 없는 상태였다'라고 쓴다면 어떨까요? 어느 정도 허름한 옷인지 상상이 가나요? 새로 맞춰야 할 정도로 심각한 외투의 상태라는 것이 확 와 닿지 않습니다. 머릿속에 그림이 그려지지 않기 때문이에요.

우리도 고골처럼 일상의 사물을 묘사하는 글을 쓸 수 있습니다. 그림 그리듯이 있는 그대로 글을 써보는 것입니다. 사진이나 그림을 보지 않더라도 글만으로 머릿속에 장면이 떠오르게끔 말이죠.

★ 눈에 보이는 것을 자세히 관찰하기

지금 내가 갖고 있는 물건 하나를 이용해 글을 써봅시다. 물건을 직접 보고 글을 쓰면 훨씬 더 생동감이 넘칩니다.

매일 학교에 메고 다니는 책가방에 대해서 써보면 어떨까요? 책가방은 누구나 가지고 있는 물건이죠. 학교에 다니는 학생이라면 말입니다. 하지만 모두 모양과 크기, 색깔, 브랜드가 제각각인 가방을 갖고 있을 거예요. 다음의 글은 초등학교 6학년 이재혁 어린이가 쓴 것입니다. 평소 갖고 다니는 책가방을 보고 그대로 묘사하여 썼습니다.

나의 책가방

내가 갖고 다니는 책가방은 빨간색이다. 정확히 말하면 빨간색이 바

둑판 모양으로 그려진 배낭이다. 초등학교 4학년 때 엄마가 마트에서 사오셨다. 세일해서 싸게 샀다고 하셨는데, 처음에는 책가방으로 쓰지 않았다. 여행갈 때 여행 가방으로 썼었다. 6학년이 되어 저학년 때 쓰던 가방 대신 좀 더 큰 가방이 필요해지면서 이것을 쓰게 되었다.

가방은 수납공간이 많다. 앞부분의 주머니를 열면 웬만한 작은 물건들을 다 넣을 수 있고, 연필 같은 필기구를 꽂는 곳이 따로 있다. 가방 본체 부분의 지퍼를 열면 내부가 매우 크다는 것을 알 수 있다. 책이 20권은 넘게 들어간다. 안쪽에 무언가 넣을 만한 공간이 2개나 더 있다. 겉은 빨간색이지만, 속은 검정색이라서 때를 덜 탄다. 연필이나 펜이 가방 속에 굴러다닌다고 해도 더러움이 잘 보이지 않는다. 가방을 메는 배낭의 어깨끈은 매우 튼튼하고 폭신폭신한 쿠션으로 되어 있다. 물건을 많이 넣어도 어깨가 별로 안 아프다. 등판 부분은 튼튼하게 여러 천이 덧대어지고 스펀지가 들어가 있어서 딱딱하지 않다. 위쪽에는 끈이 붙어 있다. 책상 옆의 고리에 거는 용도다.

책가방을 열어보니 알림장, 그림 그리는 연습장, 노란색의 필통, 리코더, 마우스, 구겨진 안내장이 몇 개 들어 있다. 보통 학교에 갔다 와서 책가방을 다시 열어보지 않는다. 그대로 두었다가 다음 날 그냥 들고 갈 뿐이다. 빨간색 가방이 좋은 이유는 색깔이 금방 눈에 띄어서 잃어버려도 찾기 쉽기 때문이다.

일상의 물건에 대해서 보이는 대로 글을 쓰다 보면 물건을 세심하게 관찰하는 힘을 기를 수 있습니다. 남이 내 글을 읽었을 때 좀 더 생생하게 머릿속에 그려질 수 있도록 자세히 쓰게 되죠.

집 안에 있는 평범한 물건들을 한번 살펴봅시다. 냉장고, 운동화, 청소기, 모자, 의자, 피아노, 핸드폰, 지갑 등 매일 쓰는 물건 중 한 가지를 선택해보는 거예요. 그리고 크기, 색깔, 모양, 쓰임, 산 이유 등을 상세하게 적어봅시다. 물건에 어떠한 생명력이 느껴지지 않나요? 어쩌면 고골의 「외투」와 같은 이야기가 떠오를지도 모릅니다.

★ 그림을 그리듯이 생생하게 재현하기

일상의 사물 한 가지를 선택해봅시다. 볼펜, 카메라, 신발, 가방, 베개, 냉장고, 책상, 필통 등 자신이 자주 사용하는 물건이면 더욱 좋습니다. 그것을 보이는 대로 써보는 거예요. 선생님은 초등학교 2학년 때부터 안경을 써왔기 때문에 30년을 썼어요. 다음은 선생님이 매일 쓰는 안경에 대해서 쓴 글입니다.

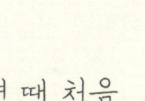

나의 안경

나는 30년 동안 안경을 써왔다. 초등학교 2학년 때 처음 안경을 썼다. 시력이 마이너스라 안경 없이는 1미터 앞에 있는 것도 잘 보이지 않는다. 지금까지 내가 사용한 안경을 세어보지는 않았지만, 족히 50개는 넘을 것 같다. 현재 쓰고 있는 안경은 맞춘 지 한 달이 되었다. 오랫동안 뿔테를 쓰다가 금속 재질의 테로 바꾸었다. 알은 동그란 모양이고, 다리 부분은 은색이다. 무게감이 느껴지지 않을 정도로 가볍다. 안경테는 반쪽은 빨간 금속이고, 반쪽은 무테다. 이러한 테를 반무테라고 한다. 빨간색이 포인트로 들어가 있어서 안경을 쓰면 발랄해 보인다. 안경알은 세 번 압축하여 두께가 비교적 얇다. 안경알에는 푸른 빛이 도는 컬러를 넣어서 빛이 반사될 때마다 푸르스름하다. 나는 안경을 습관적으로 코 위까지 올려 쓴다. 하루에 몇 번이나 안경을 올리는 동작을 할까? 100번도 넘을 것 같다.

이처럼 일상의 사물을 한 가지 골라서 글을 써보세요.

✏️ 내가 매일 신고 다니는 신발을 살펴봅시다. 신발을 관찰하고, 눈에 보이는 대로 글을 써봅시다.

✏️ 우리 집을 묘사하는 글을 써봅시다. 현관문을 열고 들어서면 어떤 구조이고, 어떤 물건이 놓여 있는지 스케치해봅시다.

✏️ 거울에 비친 내 얼굴을 주의 깊게 들여다봅시다. 내 얼굴을 보면서 있는 그대로 글로 써봅시다. 내 얼굴 대신 엄마, 아빠, 동생 등의 얼굴을 보면서 써도 재미있겠죠.

쉘 실버스타인의

『아낌없이 주는 나무』

그림카드로
상상력 더하기

⭐ 다양한 경험을 글 속에 담아낸 쉘 실버스타인

쉘 실버스타인은 우리에게 1964년에 출판된 동화『아낌없이 주는 나무』의 작가로 알려져 있습니다. 그런데 동화 작가 외에도 노래와 영화 음악을 작곡하기도 하고, 잡지에 만화도 기고했답니다. 다방면에 예술적 재능을 보였죠.

무엇보다도 쉘 실버스타인이 한국과 깊은 인연이 있다는 점을 독자들 대부분은 모를 거예요. 그는 한국 전쟁에 참전한 바 있습니다. 당시 그는 미군 소식지인 〈스타스 앤드 스트라이프스(Stars and Stripes)〉에 만평을 그렸다고 합니다. 군 복무를 하면서 한국 전쟁의 모습을 만화로 그리는 일을 했어요. 그는 훗날 한 인터뷰에서 제한된 경험으로 매일 만평을 마감하는 것은 엄청난 일이었다고 말했습니다. 큰 기회 덕분에 자신이 성장할 수 있었다면서 감회에 젖었지요. 한국 전쟁에 참전했기 때문에『아낌없이 주는 나무』가 한국에서 많이 알려진 것은 아닐까요.

『아낌없이 주는 나무』의 따뜻하고 순수한 이미지와 다소 동떨어진 그의 이력 중 하나는 성인잡지의 작가 겸 시사만화가로 활동했다는 거예요. 작가로 살면서 쌓은 다양한 경험은 풍부한 자양분이 됩니다. 『아낌없이 주는 나무』라는 전 세계적인 스테디셀러와 같은 명작을 만드는 힘으로 작용했을 것입니다. 작가의 작품은 전 생애를 거쳐 평가되어야 하니까요. 이 모든 과정을 거쳐 시적인 문장에 풍부한 해학과 번뜩이는 기지를 담은 것이죠.

그는 1999년 5월 10일 세상을 떠났습니다. 세상을 떠날 때까지 한 번도 발표되지 않았던 위트 넘치는 글과 일러스트를 모은 마지막 책 『세상 모든 것을 담은 핫도그』가 나왔습니다. 늘 무언가를 시도하고 과정을 이어나가는 것을 중요하게 여겼던 쉘 실버스타인! 그의 문학 작품은 풍부한 비유와 함께 직접 그린 아름다운 그림이 특징입니다. 대표적인 작품으로 『총을 거꾸로 쏜 사자, 라프카디오』, 『코뿔소 한 마리 싸게 사세요!』, 『골목길이 끝나는 곳』, 『어디로 갔을까, 나의 한쪽은』, 『다락방의 불빛』 등이 있습니다.

이 중 『코뿔소 한 마리 싸게 사세요!』는 그림책으로 출판된 것으로 유명합니다. 코뿔소를 사서 어떤 용도로 집 안에서 사용할 수 있는지 재미있게 표현하고 있습니다. 상상력과 유머를 발휘한 책을 읽으면서 '만약에 코뿔소를 산다면 어디에 쓸 수 있을까?' 하고 생각해볼 수 있을 거예요. 정말 많은 아이가 좋아하는 그림책이랍니다.

작가는 무에서 유를 창조해내는 사람이 아닙니다. 문학 작품 및 예술품은 경험 속에서 나옵니다. 인생에서 나쁜 경험은 없습니다. 다만 경험을 어떻게 해석하는가에 따라 다른 결과를 만들어낼 뿐이죠. 글을 잘 쓰고 싶은가요? 좋은 글은 쉘 실버스타인처럼 경험을 통해 만들어집니다. 새로운 경험과 시도는 글쓰기를 위한 좋은 재료가 될 거예요!

⭐ 그림에 어떤 이야기가 숨어 있을까?

쉘 실버스타인은 『아낌없이 주는 나무』를 쓸 때 그림을 먼저 그렸을까요? 글을 먼저 쓴 다음 그림을 그렸을까요? 작가에게 물어보지 않아 정확히 알 수는 없지만, 그림만으로 충분히 이야기가 이해되는 것으로 보아 그림을 먼저 그린 것 같습니다. 『아낌없이 주는 나무』의 첫 번째 그림은 나무를 향해 달려가는 소년의 모습입니다. 나무는 꼭 팔을 벌려 소년을 안으려는 것처럼 표현되었습니다.

그림을 통해 이야기를 상상하고 그것을 써보는 연습을 한다면 우리 모두 작가로 거듭날 수 있습니다. 줄거리를 모른 채 그림을 살펴보며 글을 써봅시다. 표지 그림에서 책의 제목을 가린 채 짧은 글을 지어보는 거예요. 다음은 선생님이 쓴 것입니다.

초록 나무의 선물

"초록 나무야! 너는 가장 즐거운 일이 뭐야?"
"응, 나는 네게 내 열매를 주는 거야. 네가 나를 맛있게 먹어주고, 맛있다고 칭찬해줄 때 기분이 좋아."
"내가 네 것을 가져가서 서운하지 않아?"
"내 몸에 잔뜩 열매를 달고 있다고 생각하면 오히려 더 끔찍해. 주렁주렁 무겁기만 할 거야. 네가 내 몸의 열매를 가져가면 나는 가벼워질 수 있어. 그러면 키도 더 자라고, 몸도 더 자라겠지. 그러니 내 열매를 가져가는 것을 미안해할 필요 없어. 나에겐 고마운 일이라고."

『아낌없이 주는 나무』와는 완전히 다른 이야기가 되어버렸죠. 표지 그림만으로 어떤 이야기든 만들어볼 수 있습니다. 그림을 보며 마음껏 글을 써보는 연습을 해봅시다.

⭐ 도란도란 카드로 한 편의 짧은 글이!

도란도란 카드는 '더즐거운교육연구소'에서 만든 스토리텔링 그림카드입니다. 100장의 그림으로 감정, 직업, 일상생활 등을 표현할 수 있습니다. 그림카드를 뽑아 이야기를 만들기도 하고, 게임을 할 수도 있죠. 도란도란 카드에 대해 궁금한 친구들은 더즐거운교육연구소 홈페이지(www.thefunedu.com)를 참고해주세요.

다음 여덟 장의 도란도란 카드를 연결해서 이야기를 한번 만들어볼까요? 무작위로 선택하여 한 편의 짧은 이야기를 만들어보면 저절로 상상력과 창의성이 키워질 거예요.

⭐ 내 주변에 있는 사물 활용하기

✏️ **다른 시선으로 글쓰기**: 집에 있는 물건을 책상 위에 늘어놓아 봅시다. 물통, 컵, 연필, 만화책, 신발, 휴지, 옷, 가방 등 물건을 보고 이야기를 지어보는 것입니다. 그림카드를 연결해서 글을 쓰듯이 사물의 단어가 포함되도록 이야기를 연결해봅시다.

✏️ **사진으로 글쓰기:** 사진 몇 장을 펼쳐놓아 봅시다. 사진을 찍었던 당시의 상황을 써도 되고, 사진의 장면이 연결되도록 이야기를 만들어도 좋습니다. 사진을 통해 더욱 생생하고 살아 있는 이야기가 될 것입니다.

✏️ **도란도란 카드로 친구와 함께 글쓰기:** 도란도란 카드를 뒤집어놓고, 한 사람씩 카드를 뒤집으면서 이야기를 연결해봅시다. 모두가 함께 만드는 이야기가 될 것입니다.

중학교 국어 교과서 수록 도서

01. 박완서의 「꼴찌에게 보내는 갈채」
02. 박성룡의 「풀잎」
03. 엄광용의 『이중섭, 고독한 예술혼』
04. 리처드 바크의 『갈매기의 꿈』

박완서의

「꼴찌에게 보내는 갈채」

스스로
질문하고 답하기

⭐ 소시민의 일상을 풀어나간 박완서

　박완서는 한국 문학계에서 빼놓을 수 없는 여성 작가입니다. 지금은 갈 수 없는 북한 땅의 개성 외곽 지역인 개풍에서 태어났습니다. 아버지를 일찍 여의고, 어머니의 특별한 교육열로 서울로 이사합니다. 숙명여고를 졸업하고 서울대학교에 입학한 해에 한국 전쟁이 일어나 학업을 중단합니다. 의용군으로 끌려갔다가 총상을 입고 돌아온 오빠의 죽음은 박완서 작가의 삶을 송두리째 바꿔놓았습니다. 전쟁의 상처와 개인적 고통은 작품 활동의 자양분이 되었습니다.

　박완서 작가는 전쟁이 아니었다면 선생님이 됐을 것 같다고 말한 바 있습니다. 전쟁 이후 자신이 원하는 삶이 아닌 살아남기 위한 삶을 살았습니다. 그래서일까요? 박완서 작가의 작품은 한 개인의 삶의 역사이자, 우리 민족의 생활상이 고스란히 담겨 있습니다. 1970년대와 1980년대의 급속한 변화로 인한 사회 문제, 아파트 문화, 결혼관과 직장 풍속도 등을 소재로 썼습니다.

개인적인 아픔은 항상 작가를 쫓아다녔습니다. 1988년에는 남편과 아들을 동시에 잃습니다. 남편은 폐암으로, 아들은 교통사고로 죽으면서 인생의 위기를 맞이합니다. 글쓰기가 아니었으면 스스로 이겨내기 힘들었을지도 모릅니다. 등단하고 나서 40년 가까이 글을 쓴 것은 물론, 팔순에도 산문집을 출간했으니 대단한 창작 의지를 발휘한 셈이죠!

박완서 작가는 미군 부대 초상화부의 밥벌이 화가 박수근의 유작전을 보고 충격을 받아 글쓰기에 나섭니다. 한국 전쟁 당시 우연히 알게 된 화가 박수근이 진짜 예술가였다는 사실에 충격을 받았대요. 한 여성지의 장편소설 공모전에 『나목』이 뽑히면서 1970년에 등단합니다. 처음에는 박수근의 전기를 쓰려고 글을 썼지만, 나중에는 상상을 보태는 글쓰기가 더 맞는다는 생각에 소설을 쓰게 됩니다. 18년차 전업 주부, 다섯 아이를 둔 평범한 엄마가 어느 날 갑자기 작가로 데뷔하는 일이 흔치 않겠죠. 그러한 작품의 저력 뒤에는 일기장에 메모처럼 써놓은 글이 있었습니다.

박완서 작가의 큰딸 호원숙 씨도 작가로 활동합니다. 그녀는 자신의 어머니이자, 한국 현대문학의 어머니였다고 자랑스럽게 말합니다. 박완서 작가는 평범하면서도 비범했던 어머니입니다. 집 안에 머무르면서도 생각은 항상 시대를 향해 있었던 비판적 지식인이었습니다.

모든 글쓰기는 질문으로부터 시작됩니다. 아마도 박완서 작가가 글을 쓰기 시작한 시점으로 거슬러 올라가면 '과연 내가 하고 싶은 일은 무엇일까?' 또는 '나의 삶은 왜 이러한가?'라는 질문이 있지 않았을까요.

⭐ 왜 그렇게 글을 썼지?

축구 경기에서 골을 넣은 선수에게만 관심을 보이고, 올림픽에서도 금메달을 딴 선수에게만 환호를 보냅니다. 1등이 아니면 살아남기 힘든 걸까요? 2등, 아니 꼴찌는 가치가 없는 걸까요?

박완서 작가는 그렇지 않다고 이야기합니다. 『꼴찌에게 보내는 갈채』는 박완서 작가가 1980년대와 1990년대 쓴 산문을 모은 책입니다. 그중 「꼴찌에게 보내는 갈채」는 최선을 다하는 모든 이에게 위로를 줍니다.

작가는 처음에 영광의 승리자 얼굴을 보고 싶었던 것이지 꼴찌의 얼굴을 보고 싶었던 것은 아니었다고 했습니다. 하지만 이후에 생각이 바뀝니다. 끝까지 달려서 결승선을 통과한 꼴찌 주자를 좋아하게 되었다고 말합니다. 그 무서운 고통과 고독을 이긴 의지력이 대단하다고요. 꼴찌를 보고 가슴이 두근거렸다는 말이 인상적입니다. 사람의 마음을 따뜻하게 만듭니다.

작가는 왜 이러한 수필을 쓴 걸까요? 아마도 다음과 같은 질문에서 시작된 글쓰기가 아닐까 짐작합니다.

- 나를 비롯해 마라톤을 지켜보는 관중들은 왜 영광의 승리자 얼굴만 궁금해했던 걸까?
- 1등을 하지 못하면 경기에 참여한 선수들은 참가 의의가 없는 걸까?
- 자신과의 싸움, 자신과의 경기는 무엇을 의미할까?
- 인생을 마라톤에 비유하는 이유는?
- 나 홀로 결승선까지 달려가는 꼴찌와 같은 사람들이 지니고 있는 힘은 어디서 나올까?
- 선수들 모두 결승선을 통과했는데도 꼴찌는 포기하지 않고 완주했다. 그때 느끼는 꼴찌의 감정은 무엇일까?
- 나는 무언가에 도전해본 적이 있는가?
- 중도에 포기하고 싶을 때 어떻게 이겨냈는가?
- 끝까지 무언가를 해낼 때 우리는 무엇을 배우는가?
- 1등보다 더 중요한 가치에는 어떤 것들이 있을까?

이러한 질문은 글쓰기의 원동력이 됩니다. 하나의 사건을 보고 듣고 겪은 후, 궁금한 것들을 적어봅시다. 호기심을 자극하는 궁금증은 글을 쓰고 싶은 마음을 불러일으킵니다. 가족과 보내는 일상생활에서, 학교생활 속에서, 뉴스나 드라마 같은 미디어 매체를 접하면서 등 우리는 매일매일 질문하며 살아가야 합니다.

★ 중요한 것은 정답이 아닌 질문

  문학 작품은 끊임없이 질문을 제기합니다. 자신에게 질문하게 만드는 장르가 바로 소설입니다. '나는 지금 잘 살고 있는가?', '내가 원하는 미래의 모습은 무엇인가?', '지금 삶에 만족하는가?', '주인공의 선택은 과연 옳은가?' 등의 질문입니다. 질문하지 않는 삶은 주어진 답, 즉 정해진 길로 가는 편안한 인생일 수 있습니다. 매일 반복되는 일을 기계적으로 고민 없이 하면 그만입니다.

  질문하지 않는 삶이란 바꿔 말하면 생각하기를 포기한 인생이 아닐까요. 이런 점에서 문학 작품은 지금 내 모습을 돌아보게 합니다. 자신에게 끊임없이 질문을 던지며 성찰할 기회를 줍니다.

  좋은 책을 읽으면 질문이 많아집니다. 단순히 무엇을 하라는 식으로 명령하고 지시하는 책은 금방 시들해지면서 잊히죠. 하지만 주인공의 삶을 나에게 비추어 감정을 돌이켜보게 하는 책은 오래오래 기억에 남습니다. 현실의 고민을 스스로 해결하기 어려울 때가 있습니다. 책 속의 주인공이 겪는 문제를 들여다보며 간접 경험을 합니다.

사이토 다카시의 『질문의 힘』이라는 책이 있습니다. 원하는 것을 얻으려면 질문하라고 조언합니다. 좋은 질문을 하면 좋은 답을 찾게 됩니다. 스스로 묻고 대답하는 것이죠.

책을 읽고 난 후 질문을 써봅시다. 질문으로 글을 쓰는 것은 질문 자체를 만들어내는 글쓰기입니다. 노트와 펜을 들고 머릿속에 떠오르는 질문을 써보기만 해도 상관없습니다. 질문을 쓰다 보면 또 다른 궁금증이 피어오르게 마련입니다. 답을 하려고 애쓰지 말고 질문만 씁니다. 황당한 질문도 좋고, 도저히 답을 내릴 수 없는 질문도 괜찮습니다. 질문을 적는 것만으로 충분합니다.

★ 사고력을 길러주는 뜻밖의 질문들

책을 읽은 후 또는 자신에게 답답한 일이 있거나 풀리지 않는 문제가 있을 때, 노트와 펜을 들고 질문을 적어보세요. 엉켰던 실타래가 풀리는 듯한 여유로움이 느껴질 것입니다.

〈예〉

- 지금 나를 답답하게 하는 것은?
- 지금 가장 괴로운 일은?
- 부모님께 가장 듣기 싫은 말은?
- 가장 하기 싫은 공부는?
- 가장 싫어하는 친구는?

- 그 친구가 싫은 이유는?

- 공부하면서 가장 부족하다고 느끼는 점은?

- 열심히 공부하는데도 성적이 오르지 않는 이유는?

- 선생님께 가장 듣고 싶은 말은?

- 가장 원하는 우리 집의 모습은?

- 가장 갖고 싶은 물건 세 가지는?

- 내일 학교를 가지 않는다면 무엇을 하고 싶은가?

- 길을 가다가 10만 원을 주웠다면?

- 친구에게 들었던 기분 좋은 말은?

- 오늘 저녁 먹고 싶은 음식은?

- 친구 생일날 가장 주고 싶은 선물은?

- 어젯밤에 꿨던 꿈은 어떤 내용인가?

- 건강해지려면 무엇을 해야 할까?

- 아픈 사람들을 보면 어떤 생각이 드나?

- 우리 동네에서 가장 좋아하는 맛집은?

- 용돈을 받으면 제일 먼저 하는 일은?

- 요즘 읽은 책 가운데 기억나는 문장은?

- 요즘 나를 힘들게 하는 일은?

- 요즘 나를 행복하게 하는 일은?

- 습관처럼 매일 하는 일은?

글쓰기가 두려울 때 또는 뭔가를 써야 할지 모를 때 질문은 나침반이 되어줄 것입니다.

박성룡의

「풀잎」

나열된 단어를 조합하기

⭐ 자연을 사랑해서 자연을 닮아간 박성룡

박성룡 시인은 전라남도 해남에서 농부의 아들로 태어났습니다. 어릴 때 서당에 다닌 적도 있다고 합니다. 중학교는 검정고시로 합격하고, 광주에서 고등학교를 다녔습니다. 이후 중앙대학교 영문과에 입학했으나, 가정 형편이 어려워 졸업하지는 못했습니다. 기자로 오랫동안 활동하다 시골에 내려가 농사를 지었습니다. 아마도 자연과 함께했던 시절을 그리워한 듯합니다. 시에도 그 마음이 고스란히 표현되었어요. 특히 세상에 존재하는 모든 것, 생명에 대한 소중함과 위대한 자연을 노래했습니다.

'풀잎은 퍽도 아름다운 이름을 가졌어요'라는 문장으로 시작되는 「풀잎」을 반복해서 읽을 때마다 소리가 입에 오랫동안 머물게 됩니다. 풀잎, 퍽도, 푸른, 휘파람과 같은 단어는 맑은 느낌을 줍니다. 소리와 내용이 참으로 잘 어울리는 시죠.

박성룡 시인은 30년 넘게 신문사에서 일했습니다. 사건 사고를 매일

보도해야 하는 일간지에 기사를 쓰면서 어떻게 자연의 아름다움을 순수한 시로 노래할 수 있을까요? 박성룡 시인이 쓴 시를 보면 자연물을 소재로 한 경우가 많습니다. 해당화, 갈매기, 바다, 바람, 야생화, 찔레꽃, 노을, 들꽃, 바람, 들길 등의 단어를 사용했습니다.

박성룡 시인의 「풀잎」과 대조적인 시는 김춘수 시인의 「꽃」입니다. 당신의 이름을 불러주었을 때 비로소 꽃이 되었다고 말하는 시도 물론 아름답습니다. 하지만 풀잎은 꽃보다 흔하고 보잘것없는 느낌이 강합니다. 문명에서 벗어난 자연 속의 흔하디흔한 풀잎의 생명력은 꽃보다 훨씬 강인하게 다가옵니다. 이파리 하나에도 울림이 있는 감각적인 단어라는 사실을 일깨웁니다.

자연을 사랑하는 사람은 자연을 닮아갑니다. 무엇을 자주 접하고 보는가에 따라서 그 사람의 삶이 결정됩니다. 대도시에 사는 직장인들 대부분은 9시에 출근하기 위해서 아침마다 지옥 같은 전철과 버스를 타야 합니다. 아마 직장에 다니는 부모님을 둔 친구들은 이해할 수도 있겠네요. 주말이나 밤늦게까지 일하는 경우도 비일비재하니까요. 창조적인 일을 하기보다는 조직의 구성원으로 순응하면서 살아야 합니다. 서울 광화문 한복판에서 주변을 바라보면 네모난 빌딩, 네모난 버스, 네모난 도로 등 모두 직선으로 딱딱하게 이루어져 있습니다. 틀에 맞춰진 사물들이 전부입니다.

보고 듣고 경험하는 것이 중요합니다. 왜냐하면 내가 느끼고 경험하는 모든 것이 내 삶의 일부가 되니까요. 어쩌면 박성룡 시인은 대도시의 삭막한 풍경 속에서 항상 고향을 그리워하지 않았을까요. 회색빛 도시 속에서 살아가는 현대인에게 풀잎이라는 단어만으로도 편안한 쉼을 주고 싶었던 것은 아닐까요.

★ 연상되는 장면으로 단어 확장시키기

풀잎

박성룡

풀잎은
퍽도 아름다운 이름을 가졌어요.
우리가 '풀잎' 하고 그를 부를 때는
우리들의 입속에서는 푸른 휘파람 소리가 나거든요.

바람이 부는 날의 풀잎들은
왜 저리 몸을 흔들까요.
소나기가 오는 날의 풀잎들은
왜 저리 또 몸을 통통거릴까요.

그러나 풀잎은

퍽도 아름다운 이름을 가졌어요.

우리가 '풀잎', '풀잎' 하고 자꾸 부르면

우리의 몸과 맘도 어느덧

푸른 풀잎이 돼 버리거든요.

이 시를 읽고 풀잎을 제대로 한번 관찰해보면 좋습니다. 풀잎이 바람에 흔들리는 모습, 비가 올 때 통통거리는 모습을 그대로 볼 수 있습니다. 풀잎이라고 부르면 푸른 풀잎이 내 마음을 푸르게 물들이는 것 같습니다.

시인은 '풀잎-휘파람-바람-소나기-푸른'이라는 단어를 연관 지어서 풀잎을 말하고 있습니다. 하나의 단어에서 연상되는 장면을 다른 단어로 확장시키는 방법입니다. 나열된 단어를 조합하여 한 편의 시가 완성되었습니다. 우리는 어떤 글쓰기를 모방해볼 수 있을까요?

시인의 글쓰기 기법을 비슷하게 따라 하는 것만으로도 글쓰기 실력이 늘어납니다. 연상되는 단어를 나열해보고, 그것을 이어서 짧은 글을 지어보는 거예요. 말의 재미뿐 아니라 말이 주는 힘을 느낄 것입니다.

⭐ 단어를 줄지어 세웠을 뿐인데!

앨범 – 사진 – 어린 시절 – 파마머리 – 소풍 – 도시락

'앨범' 하면 떠오르는 말을 적어보았습니다. 이것을 이어서 쓰다 보면 한 편의 시 또는 짧은 이야기를 만들 수 있을 거예요.

〈예1〉

옛날 앨범을 봤다. 어린 시절 나의 모습이 담겨 있다. 다섯 살 때 나는 파마머리를 한 사진이 많다. 엄마가 파마를 자주 해주었나 보다. 소풍 갔을 때 찍은 사진 같은데, 도시락을 먹는 모습이다. 내가 나를 봐도 어린 시절 모습은 낯설다.

거울 – 엄마 – 화장품 – 주름 – 마사지

'거울'이라는 단어를 떠올리면 연상되는 단어 5개예요. 이 단어로 만든 짧은 글입니다.

<예2>
엄마는 거울을 보면서 한숨을 푹 내쉰다. 주름이 많아졌기 때문이다. 내가 보기에는 눈에 잘 띄지도 않는 주름인데…. 엄마는 주름을 개선하는 화장품을 매일 바르면 조금이라도 줄어들지 모른다면서 열심히 밤마다 크림을 바른다. 가끔씩 마사지도 한다. 엄마는 주름이 많아지면 늙었다는 증거라고 한다. 내가 크면 엄마는 늙는 걸까?

⭐ 전혀 관계없는 단어들로 새롭게 구성하기

✏️ '공부' 하면 떠오르는 단어를 5개 적어보세요. 그리고 단어를 조합해서 짧은 글을 지어봅시다.

✏️ '**여행**' 하면 떠오르는 단어를 5개 적어보세요. 그리고 단어를 조합해서 짧은 글 또는 시를 써봅시다.

✏️ '**편의점**' 하면 떠오르는 단어도 5개 적어볼까요? 단어를 이어서 재미있는 글을 만들어봅시다.

엄광용의

『이중섭,
고독한 예술혼』

한 사람을 위한
짧은 기록

★ 격동의 시대 속 그림에 꿈과 희망을 담은 이중섭

 한국 근대미술의 선구자라고 일컫는 이중섭은 삶 자체가 시대의 역사이자 예술이라고 말합니다. 대표작으로는 〈소〉가 유명하죠. 〈소〉는 한국적이면서도 역동성이 느껴지는 것이 보면 볼수록 그 매력에 빠져듭니다. 그는 무엇에 미치든 미친다는 것은 좋은 거라고 했습니다. 앞으로 진짜배기 소만 그리겠다고 생각했습니다. 소에게서 순수한 조선의 냄새를 맡을 수 있다고요.

 이중섭은 1916년 평안남도 평원에서 태어났습니다. 대지주 집안의 3남매 중 막내로 태어났지만, 다섯 살 때 아버지를 잃습니다. 우울증으로 자살을 선택한 아버지와 달리 어머니는 여장부처럼 살림을 꾸려나갑니다. 그는 어머니를 따라 평양의 외가를 자주 갔다고 합니다. 당시 외가에는 과수원이 있었는데, 외할머니는 손자가 오면 사과를 하나씩 나눠주었다고 합니다. 사과를 받은 이중섭은 곧바로 먹지 않고 나뭇조각으로 땅바

닥에 사과 그림을 그렸습니다. 어쩌면 외로움의 정서가 그림으로 표현된 것이겠죠. 형제들과는 나이 차이가 많이 나서 주로 혼자 놀았다고 해요.

　이중섭은 평안북도 정주에 있는 오산고등보통학교를 졸업한 후, 미술을 공부하러 일본으로 유학을 떠납니다. 그때 사랑하는 여인 야마모토 마사코를 만나 결혼을 합니다. 한국으로 돌아와 마사코는 이남덕으로 이름을 바꾸었죠. 서른한 살에 첫 아들을 잃고, 이후 아들 둘을 낳았습니다. 이때부터 이중섭은 경제적으로 궁핍한 생활에 시달립니다.

　해방 후 남북 이념 대립으로 화가가 자유롭게 활동할 수 없기에 남한행을 택합니다. 먹고사는 데 치열한 고민 없이 살아온 그에게는 생계를 꾸려나가는 일이 마냥 힘겨웠습니다. 부산 피난민 수용소에서의 삶, 제주도에서의 가난한 삶이 이어집니다. 그러다 결국 처가가 있는 일본으로 부인과 아들을 보냅니다.

　가족과 헤어진 후 이중섭은 비참한 삶을 이어나갑니다. 그림 한 점을 팔아 돈이 생기면 친구들과 술을 마시면서 현실을 잊습니다. 건강을 돌보지 않아 병마가 찾아오고, 떠돌이 신세로 전락하고 맙니다. 끝내 폐병이 걸려 적십자병원 무료 병동에서 홀로 죽어갑니다. 혼신의 힘을 다해 그림을 그리고, 민족과 자연을 사랑했던 화가의 작품은 죽고 난 후에야 사람들에게 인정받습니다.

　제주도에는 이중섭 미술관과 더불어 이중섭 거리, 피난 당시 살았던 집이 조성되어 있습니다. 2016년에는 이중섭 탄생 100주년을 맞아 영화도 만들어지는 등 화가의 삶을 재조명하는 후손들의 작업이 많았습니다. 『이중섭, 고독한 예술혼』의 일부 내용은 이중섭 탄생 50주년에 맞춰 중학교 국어 교과서에 '화가 이중섭'이라는 제목으로 수록되었습니다.

　이 책을 쓴 엄광용은 소설가이자 동화 작가입니다. 경기도 여주에서 태어나 고등학교 졸업 후 1년간 농사를 짓고, 8개월간 도금공장에서 일한 경험이 있습니다. 그러다 문학에 뜻을 두고 뒤늦게 중앙대학교 문예창작과에 입학합니다. 1990년에 중편소설 『벽속의 새』로 등단했습니다. 1993년부터는 전업 작가로 활동하며 문단의 스토리텔러로 일컬어지고 있습니다.

　엄광용 작가의 호는 '광파'라고 합니다. '광화문 파출소'의 앞 글자를 따서 친구들이 지어준 별명이래요. 기업인이나 위인의 이야기를 평전으로 엮은 작품뿐 아니라 경제, 철학, 과학 등의 어려운 주제를 쉽고 재미있는 동화로 들려주는 작품을 많이 썼습니다.

⭐ 내가 지켜본 그 사람의 모습은?

『이중섭, 고독한 예술혼』에 나오는 이중섭의 모습은 쓸쓸하지만 따뜻합니다. 서귀포 바닷가에 살 때 배가 고파서 바닷게를 잡아먹었는데, 그마저도 몹쓸 짓이라고 생각한 화가의 여린 마음이 느껴집니다. 바닷게의 영혼을 달래주기 위해서 그림을 그렸다고 합니다.

사물에 대한 고마움, 빚진 마음으로 열심히 그림을 그렸다는 게 전해지죠. 한없이 순수한 사람이었습니다. 또한 이중섭은 조카에게 빵보다 예술을 먹고사는 삶에 대해 이야기합니다. 빵은 배고픔을 잊게 해주지만, 예술은 영혼을 살찌워서 영원히 살게 해준다고요. 그는 진정 돈보다는 그림, 진짜 예술을 하려고 노력했습니다.

1954년에 그린 〈흰 소〉는 이중섭의 대표작으로 알려져 있습니다. 종이에 유채로 그린 이 그림은 소의 어깨와 엉덩이뼈는 흰 물감을 사용하여 굵고 거칠게 그렸습니다. 특히 성난 황소 머리와 꼬리에서 보이는 역동

성은 화면을 뚫고 달려 나올 것 같죠. 고구려 고분 벽화처럼 살아 움직이는 그림이라고 평합니다.

한 사람에 대한 이야기를 쓸 때는 인물의 생애를 충분히 이해해야 합니다. 역사는 사실이라기보다 기록자의 평가라고 할 수 있습니다. 모든 기록된 역사는 기록한 사람의 정서와 느낌이 담기게 마련입니다. 아무리 객관적으로 서술한다고 해도 말이죠. 평전도 마찬가지입니다. 『이중섭, 고독한 예술혼』을 쓴 엄광용 작가의 시선이 담겨 있습니다.

한 인물의 생애를 알아가는 것은 글쓰기에 큰 도움이 됩니다. 공감 능력은 물론 타인에 대한 이해 능력이 길러집니다. 유명한 사람들만 글로 남겨질 자격이 있는 걸까요? 그렇지 않습니다. 친구, 가족, 선생님 등 모든 사람은 탄생부터 죽을 때까지 자기만의 남다른 이야기를 갖고 있습니다. 다만 누군가 기록해주지 않았기 때문에 빛을 발하지 못하는 것뿐이죠.

★ 인생을 엿볼 수 있는 연보

1916년	평안남도 평원군에서 이희주와 안악이씨 사이의 세 번째 아이로 태어남. 위로는 12살 위인 형과 6살 위인 누나가 있었다.
1920년(5세)	아버지 사망. 그리기와 만들기에 흥미를 보이다.
1923년(8세)	마을 서당에 다니다가 곧 평양으로 옮겨 종로공립보통학교에 입학. 고학년이 되면서는 그림 그리기에 더욱 몰두하다. 같은 반 친구 김병기의 아버지 김찬영의 집에 가서 그림 도구나 화집, 그리고 김찬영이 주도한 삭성회전을 보면서 큰 자극을 받다.
1929년(14세)	평안북도 정주에 있는 민족사립 오산고등보통학교에 입학. 미술부에 들어가 문학수를 알게 되다. 2학년 무렵 팔이 부러져 1년 동안 학교를 쉬다.
1931년(16세)	학교에 돌아가자마자 공석이던 도화 담당 교사로 임용련

	이 오다. 이중섭의 미술 활동은 활기를 띠었고, 이 무렵부터 소를 즐겨 그리고 한글로 그림을 구성하다.
1932년(17세)	가족이 가산을 정리하여 원산으로 옮기다. 그 후 방학 때 원산에 가서 해수욕과 낚시를 즐기고, 음악 감상을 즐기다. 민족계 일간지가 주최하는 전국학생미술전람회에 출품하여 입선. 그 후 졸업 때까지 두 차례 더 출품하여 입선하다.
1934년(19세)	낡은 학교를 불태운 후 새로 짓게 할 계획으로 친구들과 모의하다. 연말에 일본에서 날아온 불덩어리가 한반도를 태우는 그림을 그려 그해 졸업사진첩이 취소되다.
1935년(20세)	졸업하고 도쿄의 데이코쿠 미술대학에 입학, 유화를 전공으로 공부하다. 이 학교에서 선배인 이쾌대, 진환 등을 만나다. 연말에 다쳐서 휴학하다.
1936년(21세)	다시 3년제 전문과정인 분카가쿠인에 입학. 화가이자 강사로 나오던 쓰다 세이슈와 친밀하게 지내면서 지도를 받다.
1938년(23세)	공모전 지유텐에 출품하여 입선하고 협회상에 뽑히다. 평론가, 화가들의 호평을 받다. 연말 무렵 병으로 원산으로 돌아가 휴식을 취하다.

1940년(25세)	학교로 돌아간 직후 후배인 야마모토 마사코와 사랑에 빠지다. 10월 조선의 경성에서 열린 지유텐 순회전에 출품하여 극찬을 받다. 이 무렵부터 개성박물관에 자주 들러 관찰과 습작에 몰두. 분카가쿠인을 졸업하다.
1941년(26세)	일본에서 활동하던 조선인 미술가 여러 명과 조선신미술가협회를 만들고 창립전을 도쿄에서 개최하다. 조선의 경성에서 옮겨 연 전시에도 출품하다. 다섯 번째 지유텐에 출품하여 회우가 되다.
1943년(28세)	일곱 번째 지유텐에서 특별상 태양상을 받고 회원이 되다. 징병을 피해 일본 생활을 청산하고 원산으로 돌아와 작업에 몰두하다.
1945년(30세)	이중섭의 연락을 받은 마사코가 원산으로 와서 5월 결혼식을 올리다. 10월 최재덕과 함께 서울의 한 백화점 지하에 벽화를 그리다. 도중에 싸움을 말리다가 미군정 헌병에게 맞아 크게 다치다.
1947년(32세)	원산문학가동맹의 공동 시집에 실린 시와 이중섭이 그린 표지 그림이 사회 분위기를 거스른다고 하여 비판받다. 아들 태현이 태어나다.
1949년(34세)	둘째 태성 출생. 인민군 창설 2주년 기념식의 미술감독

	으로 일하다. 원산 교외로 이사하여 작업에 몰두하다.
1950년(35세)	연말에 미국군의 무차별 폭격과 바뀐 전황에 의한 피해를 염려하여 자신의 가족과 조카와 함께 원산을 떠나 부산으로 가다. 당국의 권유에 따라 제주도 서귀포에 도착하여 살다.
1951년(36세)	다시 부산으로 옮기다. 곧 영양 부족과 병고를 피해 아내가 아이들과 일본으로 건너가다. 그 후 혼자서 이곳저곳을 다니면서 살다.
1953년(38세)	5월 세 번째 신사실파전에 출품한 굴뚝 그림이 당국의 부적절하다는 의견으로 철거되다. 7월 말 일본에 있는 가족을 만나고 곧 돌아오다. 통영의 나전칠기 강습소로 가 그림 그리기에 몰두하다. 소 그림을 비롯한 풍경과 많은 대표작을 그리다. 가을에 부산에 두고 온 작품 150여 점이 화재로 소실된 소식을 듣고 낙담하다.
1954년(39세)	여름 무렵에 서울로 옮기다. 친구가 방을 제공하여 통영에 이어 작업에 몰두하다. 〈도원〉을 그리다. 연말에 기거하던 집이 팔려 주거가 불안정해지다. 누군가에 의해 정신병원에 보내지다.
1955년(40세)	1월에 서울에서 개인전을 열다. 일반 사람들의 열띤 호

	평에 비해 평론가들은 냉담한 반응을 보이다. 또 당국의 간섭으로 일부 그림을 철거하는 등으로 충격을 받다. 대구에서 5월에 다시 개인전을 열었으나 실패로 끝나다. 정신병자로 오해받아 정신병원에 입원하게 되다. 서울로 옮겨서도 정신병원에 보내져 치료를 받다가 가을부터 친구 한묵과 정릉에서 지내다.
1956년(41세)	건강이 더욱 악화되다. 봄에 정신병원에 들어갔다가 정신 이상이 아니라 극심한 간염이라고 진단받다. 친척집에서 요양하다가 병세가 더욱 악화되어 서대문의 적십자병원에 입원. 9월 6일 숨을 거두어 망우리 공동묘지에 묻히다.

_최석태, 『황소의 혼을 사로잡은 이중섭』, 현실문화(2015), 200~203쪽

이중섭의 연보입니다. 연보는 한 사람이 평생 지낸 일을 연월순으로 간략하게 적은 기록을 말합니다. 개인의 연대기라고도 하죠. 연보를 통해서 한 인물의 생애를 빠르게 읽을 수 있습니다. 그런데 연보는 유명인만 쓸 수 있을까요? 그렇지 않습니다. 엄마나 아빠, 할아버지, 할머니 등의 가족 연보뿐 아니라 나의 연보도 쓸 수 있습니다.

⭐ 내 생애 가장 특별한 일을 중심으로

탄생한 날부터 오늘까지 나의 연보를 작성해보면 어떨까요?

다음은 선생님의 아들인 초등학교 6학년 이재혁 어린이의 연보입니다. 이재혁 어린이가 그동안 쓴 일기장과 엄마와의 인터뷰를 바탕으로 적었습니다. 중요하다고 생각한 일 중심으로 연보를 남기고 보니, 짧은 생애 동안 많은 일이 있었던 것 같죠. 기록은 기억을 돕는 도구입니다.

2005년 9월	오후 5시 수원의 한 산부인과에서 3.2kg, 52cm로 출생하다.
2006년 9월	월드컵경기장 내 레스토랑에서 가족들과 돌잔치를 하다.
2009년 3월	○○어린이집에 입학하다.
2011년 4월	레고 놀이에 빠지다.
2011년 7월	친구와 첫 잠옷 파티를 열다.

2012년 1월	엄마가 교통사고로 입원하다.
2012년 3월	○○초등학교에 입학하다.
2012년 7월	집에서 기르던 고슴도치의 새끼가 태어나다.
2012년 10월	집에서 기르던 햄스터가 죽다.
2013년 7월	외발자전거를 배우다.
2013년 9월	저금통에서 돈을 훔쳐 엄마에게 혼나다.
2014년 7월	삼척으로 일주일간 캠프를 떠나다.
2014년 9월	베트남으로 4박 5일 여행을 가다.
2015년 3월	어린이 농부학교에 참가하다.
2015년 9월	엄마와 도쿄를 여행하다.
2015년 10월	친구들과 책 토론을 시작하다.
2016년 10월	해우재 황금똥 그림잔치에서 특별상을 수상하다.
2016년 12월	한 달 간 사이판으로 겨울 휴가를 떠나다.
2017년 5월	가정의 달을 맞아 가족과 블라디보스토크로 여행을 가다.
2017년 7월	외할아버지의 칠순 잔칫날에 자화상을 그려드리다.
2017년 11월	키가 147cm 넘다.
2018년 1월	○○초등학교를 졸업하다.
2018년 3월	○○자유학교에 입학하다.

연보를 작성할 때 엄마, 아빠, 형제자매의 연보도 함께 만들어보면 좋습니다. 부모님의 연보는 인터뷰를 통해서 날짜를 확인하면 됩니다. 특별한 일을 중심으로 재미있고 뜻 깊은 연보를 만들어봅시다.

연보 만들기

날짜	있었던 일

리처드 바크의
『갈매기의 꿈』

생동감이 느껴지는
대화체

⭐ 인간의 위대한 가능성을 이야기한 리처드 바크

'가장 높이 나는 새가 가장 멀리 본다.' 이 문장을 모르는 사람은 거의 없을 거예요. 리처드 바크의 『갈매기의 꿈』에 나오는 거라고 아는 체하지 않으면 무식해질 정도니까요.

지금은 80대 노인이 된 리처드 바크는 1936년 미국 일리노이 주에서 태어났습니다. 롱비치 주립대학에 입학했으나 퇴학을 당하고, 공군에 입대하여 조종사가 됩니다. 1958년부터 자유기고가로 활동했으며, 비행기 잡지의 편집 일을 담당한 적도 있습니다. 공군에 다시 소집되어 프랑스에서 1년간 복무한 후, 상업 비행기 조종사로 일하면서 연간 3,000시간 이상의 기록을 세웠습니다. 하늘을 나는 조종사라는 직업이 갈매기의 비행 장면을 쓰는 데 도움이 되었을 거라 생각합니다.

어느 날 그는 해변을 거닐다 어디에선가 들려오는 목소리에 이끌려 소설을 한 편 써 내려갔다고 해요. 그 소설이 바로 『갈매기의 꿈』입니다.

전 세계 언어로 번역되어 수많은 독자의 사랑을 받은 이 작품은 출간되자마자 성공 가도를 달렸을까요? 아닙니다. 열여덟 군데 출판사로부터 출간을 거절당합니다. 그러나 이 작품은 비공식적으로 사람들에게 인기를 얻습니다. 미국 서부 해안의 젊은이들이 손으로 베껴 써가면서 이 작품을 돌려 읽었다고 해요. 손으로 쓴 필사본이 다른 사람들에게도 읽히면서 비로소 유명해졌습니다. 1975년 정식 출간한 지 5년 만에 700만 부가 판매되었습니다. 성직자들은 신의 영역에 도전하는 오만한 죄로 가득한 작품이라고 비난했지만, 미국 문학 사상 최고의 베스트셀러라는 기록을 남깁니다. 불후의 명작이 된 이유는 아마도 인간의 위대한 가능성에 대한 비유 때문이겠죠.

리처드 바크의 아들도 유명합니다. 제임스 마커스 바크는 '탐색적 테스팅'이라는 컴퓨터 소프트웨어를 개발한 사람으로 알려져 있습니다. 열여섯 살에 고등학교를 자퇴한 문제아에서 애플의 최연소 팀장이 된 독학의 천재라고 불립니다. 2013년 『공부와 열정』이라는 책을 출판하기도 합니다. 사무용품 매장에서 컴퓨터를 팔다 게임 프로그래머가 되었고, 애플에 스카우트되어 테스팅 매니저가 된 그의 이력은 참 대단하죠. 그의 아들인 올리버 역시 열두 살에 학교를 그만두고 소설 한 편을 써냅니다. 리처드 바크 3대 모두 인생을 자유롭게 설계하며 살고 있습니다.

⭐ 세상의 편견을 깬 조나단

　수천, 수만 마리의 갈매기들은 한 척의 배에서 던져주는 먹잇감을 차지하기 위해 사투를 벌입니다. 홀로 나는 연습을 하고 있는 한 마리의 갈매기, 조나단 리빙스턴은 남다릅니다. 다른 갈매기들이 먹이를 찾기 위해 날아오를 때 더 높이, 더 빠르게, 더 완벽한 착지를 연습합니다. 조나단의 부모조차 그 모습을 이해하지 못할 정도죠. 차라리 먹이를 찾는 데 힘쓰길 권유합니다. 조나단은 보통 갈매기처럼 행동하기 위해 노력하지만, 그럴수록 삶이 허망하다고 느낍니다.

　다시 비행 연습에 매진하며 쉽지 않은 도전을 이어갑니다. 때로는 몸을 크게 다치기도 하고, 신체적 한계에 부딪히기도 하면서 말이죠. 혹독한 훈련 끝에 갈매기의 한계를 뛰어넘는 속도로 날게 됩니다. 역사상 가장 빠른 속도로 나는 갈매기가 된 것입니다. 그러나 조나단 리빙스턴은 무리로부터 추방당합니다. 무리와 어울리지 않게 이상한 행동을 하는 갈매기는 배척당할 뿐입니다.

　외로운 날들을 보내면서도 자유롭게 비행에 매진하던 어느 날, 누군가 조나단을 찾아옵니다. 조나단과 같은 생각을 하는 갈매기들이 데리러 온 것입니다. 조나단은 천국과도 같은 곳에서 더욱더 자신의 비행기술을 갈고닦으며, 스승 설리번의 도움으로 정신적·신체적 제약마저 초월합니다.
　궁극의 경지에 도달한 조나단은 자신이 떠나온 지상에 대해 생각합니다. 결국 다시 자신이 살던 곳으로 내려오고, 플레처 린드라는 어린 갈매기 한 마리를 만납니다. 플레처 또한 갈매기 무리로부터 부당한 취급을 받는 왕따였죠. 조나단은 스승이 되고, 플레처는 제자가 됩니다. 이후 조나단에게는 제자가 점점 더 늘어납니다.

　『갈매기의 꿈』을 통해서 우리는 무엇을 배울 수 있을까요? 바로 세상의 편견에 대한 것입니다. 단지 먹고살기 위한 것만이 인생의 전부가 아니라는 본질을 깨닫습니다. 왜 사는가에 대한 질문을 스스로에게 던지며 배움은 끝이 없음을 알게 됩니다. 자신의 한계를 정해놓기보다 끊임없이 배워나가는 것이 삶의 목적입니다. 조나단은 한계를 뛰어넘는 기량을 훈련하면서 발전할 뿐 아니라 무리를 이끄는 리더가 됩니다. 자신의 깨달음을 다른 갈매기들에게 전해줍니다.

조나단은 자신도 그렇게 배우고 싶다는 배움의 갈망을 드러냅니다. 배우고자 하는 갈망이야말로 우리가 조나단으로부터 배워야 할 태도 아닐까요.

리처드 바크는 이 소설을 쓰고 난 후 여러 차례 출간을 거절당하고, 소설로서 가치가 없다는 평가도 받았죠. 원하는 꿈은 반드시 이루어진다는 주문 같은 메시지가 소설 속에 담겨 있습니다. 물론 꿈만 꾸어서는 안 되겠죠. 꿈을 이루기 위해서는 무수히 반복되는 거절, 실패, 아픔 등이 뒤따른다는 사실을 잊지 말아야 합니다.

★ 말은 곧 글이다

『갈매기의 꿈』을 보면 대화체가 많이 나옵니다. 다음은 조나단과 부모님의 대화 장면입니다.

"왜 그러니, 존? 왜 그래? 여느 새들처럼 사는 게 왜 그리 어려운 게냐, 존? 저공비행은 펠리컨이나 알바트로스에게 맡기면 안 되겠니? 왜 먹지 않는 게냐? 얘야, 비쩍 마른 것 좀 봐라!"
"비쩍 말라도 상관없어요, 엄마. 저는 공중에서 무얼 할 수 있고, 무얼 할 수 없는지 알고 싶을 뿐이에요. 그게 다예요. 그냥 알고 싶어요."
아버지가 인자하게 말했다.
"이것 봐라, 조나단. 겨울이 멀지 않았다. 배들이 나오지 않을 거고, 수면 가까이 있던 물고기 떼는 깊이 들어가겠지. 연구해야겠다면 먹이에 대해, 먹이를 어떻게 잡을지에 대해 연구하거라. 이

비행에 대한 것도 좋다만 활공으로 먹고 살 수는 없는 노릇이지. 비행하는 이유가 먹이를 구하기 위해서라는 점을 잊지 말거라."

_리처드 바크, 공경희 옮김, 『갈매기의 꿈』, 현문미디어(2015), 15쪽

대화체는 소설의 핵심이기도 합니다. 묻고 답하는 말을 있는 그대로 연극 대본처럼 쓰는 것입니다. 말하듯이 생생하게 대화체로 글을 쓰면 실감 나는 장면을 표현할 수 있습니다.

대화체로 글을 쓰는 연습을 해볼까요?
다음은 엄마에게 혼나고 있는 6학년 이재혁 어린이의 모습을 대화체로 써본 것입니다.

- "지금이 도대체 몇 시야? 11시가 다 되어가는데 아직 숙제도 안 하고, 일기도 안 쓰고, 게임을 여태껏 한 거야?"
- "아니, 애들이 자꾸만 카톡을 보내서 그거 확인하느라고요."
- "카톡을 꼭 지금 봐야 해? 쓸데없는 거 보느라고 시간만 다 가버리고, 숙제하고 일기까지 쓰고 나면 몇 시야? 내일 늦게 일어나면 어쩌려고?"

😀 "이것만 확인하고 하려고 했다고요. 아. 짜증 나."

　　👩 "너 지금 엄마한테 뭐라고 했어? 짜증 나?"

　　😀 "몰라요. 안 할게요."

　여러분이 부모님과 나누는 익숙한 대화 아닌가요? 선생님은 아들과 매일 이러한 대화를 나눕니다. 혼내고 혼나는 모습을 대화체로 적어보니 재미도 있고, 장면이 생생하게 떠오릅니다.

　대화체로 글을 쓰는 연습은 사람들의 말을 귀 기울여 듣는 훈련이 됩니다. 카페나 식당 등에서 들리는 사람들의 말을 글로 적어보세요. 상황이 여의치 않다면 가상의 대화를 만들어도 좋습니다.

　별것 아닌 일상의 대화를 글로 적어보는 연습을 해봅시다. 다음은 저녁 메뉴에 대해서 대화를 나누고 있는 친구 둘의 모습입니다.

　　👧 "우리 저녁 뭐 먹을까? 점심에 느끼한 햄버거를 먹었더니 칼칼하고 매운 게 먹고 싶네."

　　😀 "그럼 부대찌개나 김치찌개를 먹을까? 어때?"

　　👧 "이 동네 먹을 만한 데가 어디 있을까? 혹시 아는 데 있어?"

　　🤓 "중심가에 '○○부대찌개'라는 식당이 있는데 거기 맛있어. 서비스

로 라면사리도 무료로 준대."

"그럼 거기로 갈까?"

이렇게 대화체로 글을 쓰는 연습을 하면 '말=글'이라고 생각하게 됩니다. 글은 결국 말에서 나온 것이기 때문에 말하듯이 글을 쓰면 쉽게 쓸 수 있을 거예요.

★ 주고받은 대화를 그대로 받아쓰기

✏️ 누군가와 가상의 대화를 나눈다고 생각하고 대화체를 만들어 글을 써보세요.

✏️ 오늘 아침 엄마와 아빠가 나눈 대화를 그대로 글로 옮겨보세요.

✏️ 소설의 대화체 부분을 찾아 똑같이 적어보세요.

중학교 국어 교과서 수록 도서

01. 황인숙의 「말의 힘」
02. 박경화의 『고릴라는 핸드폰을 미워해』
03. 안도현의 「우리가 눈발이라면」
04. 법정의 「먹어서 죽는다」

황인숙의

「말의 힘」

ㄱ부터 ㅎ까지
숨은 단어 찾기

⭐ 소외된 이들의 마음을 어루만지는 황인숙

　서울시 지하철역의 스크린도어에는 시가 적혀 있습니다. 황인숙 시인의 「말의 힘」이라는 시도 지하철에서 읽은 적이 있습니다. 지하철을 기다리면서 말의 힘을 조용히 느껴봅니다.

　기분 좋은 말은 기분 좋은 느낌을 갖게 하고, 짜증 나는 말은 짜증 나는 느낌을 갖게 합니다. 언어는 상징의 힘이 있습니다. 눈을 감고 머릿속으로 레몬 하나를 반으로 잘라 입에 물어본다고 상상해보세요. 상상만으로도 입에 침이 고이지 않나요? '아, 너무 시다!' 절로 찡그리게 됩니다. 이렇듯 보이지도 않고, 만질 수도 없는 말은 상상력을 자극하는 힘이 있답니다.

　황인숙 시인은 우리나라를 대표하는 여성 시인 중 한 명입니다. 최근에는 제63회 현대문학상 시 부문을 수상하기도 했습니다. 그녀가 쓴 '12월의 즐거움'이라는 칼럼을 〈서울신문〉에서 읽어보았습니다. 12월과 선물에 대한 글이었어요. 초등학교 4학년 때 생일날 아버지가 500원을 주셨는데, 그것을 옆에 있던 언니가 낚아채어 자신이 선물을 사주겠다고 했대요. 언니는 장난감 플라스틱 전화기를 사왔다고 합니다. 그 선물을 벽에다 힘껏 던져버린 일화를 이야기합니다. 한 해를 마무리하면서 고마운 사람이나 미안한 사람에게 느닷없는 선물을 건네는 즐거운 일을 해보자고 하면서 말이죠.

어린 시절의 기억으로 글을 쓴다는 황인숙 시인은 어렸을 때부터 예민하고 수줍음이 많았다고 해요. 전학을 자주 다닌 탓에 처음 만난 사람에게 좀처럼 다가가지 못하는 감정이 아직도 남아 있다고 합니다. 그러고 보면 사람의 기질은 좀처럼 바뀌지 않은 경향이 있죠.

황인숙 시인은 '시인들의 시인'이라고 불리기도 합니다. 동료 시인들이 지지하는 시인으로서 살아가면 얼마나 행복할까요. 고종석 평론가는 황인숙 시인에 대해서 기품 있다고 말했습니다. 기품 있다는 말은 누구 앞에서도 주눅이 들지 않고 자신의 생각을 잘 표현하며 당당하다는 뜻이겠죠. 그렇다고 잘난 척하는 것은 아닐 거예요. 자기 확신이나 긍정적인 면모를 칭찬하기도 했습니다.

기품 있는 시인의 시가 얼마나 곱고 아름답고 단단한지 여러분도 느껴보면 좋겠습니다. 1984년 〈경향신문〉 신춘문예를 통해 등단하여 30년이 넘는 동안 다수의 시집을 비롯해 소설, 수필을 펴냈습니다. 대표작으로는 『못다 한 사랑이 너무 많아서』, 『슬픔이 나를 깨운다』, 『리스본행 야간열차』, 『우리는 철새처럼 만났다』 등이 있습니다. 『우다다, 삼냥이』, 『해방촌 고양이』는 함께 살아가는 세 마리 고양이 및 길고양이에 대한 이야기입니다. 황인숙 시인은 오랫동안 길고양이에게 밥을 주면서 살고 있대요. 카트에 고양이 사료를 넣고 끌고 다니면서 길고양이의 소외와 고통을 마주하는 일은 아무나 쉽게 할 수 없습니다. 학대받는 배고픈 생명을 향한 마음이 고스란히 시에도 담기겠죠.

⭐ 기분 좋은 말 한마디

말의 힘

황인숙

기분 좋은 말을 생각해보자.
파랗다. 하얗다. 깨끗하다. 싱그럽다.
신선하다. 짜릿하다. 후련하다.
기분 좋은 말을 소리내보자.
시원하다. 달콤하다. 아늑하다. 아이스크림.
얼음. 바람. 아아아. 사랑하는. 소중한. 달린다.
비!
머릿속에 가득 기분 좋은
느낌표를 밟아보자.
느낌표들을 밟아보자. 만져보자. 핥아보자.

깨물어보자. 맞아보자. 터뜨려보자!

_『나의 침울한, 소중한 이여』, 문학과지성사(1998)

여러분들에게 기분 좋은 말은 무엇인가요? 행복하고, 상쾌하고, 따스한 말들. 인간은 말하면서 생각하고, 생각하면서 행동합니다. 기분 좋은 말을 내뱉으면 자연스레 머릿속으로 기분 좋은 생각이 떠오릅니다. 황인숙 시인은 그런 말의 힘을 시어로 표현했습니다.

"기분 좋은 말은 어떤 것들이 있나요?"라고 질문하면 보통 이렇게 대답합니다.

말 한마디가 차곡차곡 쌓여 우리의 삶을 바꾸지 않을까요. 기분 좋은 말 한마디는 자신뿐 아니라 타인을 행복하게 합니다. 물론 여기서 중요한 것은 무심코 내뱉는 말 한마디에도 진심이 담겨야 한다는 것이죠. 이렇게 짧은 시는 암송해도 좋을 거예요.

⭐ 알쏭달쏭한 초성 알아맞히기

ㄱ, ㄴ, ㄷ, ㄹ, ㅁ, ㅂ과 같은 초성으로 시작하는 말을 알아맞히는 게임이 있습니다. '초성 퀴즈'라고 합니다. 알쏭달쏭한 말을 알아맞히는 재미가 있어요.

초성을 쭉 써놓고 주제에 따라 단어를 여러 가지 적어보는 거예요. 「말의 힘」이라는 시처럼 기분 좋게 하는 단어를 ㄱ부터 ㅎ까지 하나씩 찾아보면 어떨까요?

선생님이 먼저 해볼게요.

ㄱ: 가방 안에 들어 있는 노트 한 권
ㄴ: 나무가 우거진 숲
ㄷ: 드라마를 보는 시간
ㄹ: 라면의 맛

ㅁ: 미술 시간에 그림 그리기

ㅂ: 밤에 먹는 치킨

ㅅ: 사랑스러운 강아지

ㅇ: 엄마가 해준 간식

ㅈ: 집에서 뒹굴뒹굴하는 시간

ㅊ: 차창 밖의 풍경

ㅋ: 카메라로 찍은 사진

ㅌ: 타로카드 보기

ㅍ: 피아노 연주곡 듣기

ㅎ: 하늘을 보면서 멍 때리기

⭐ 초성과 문장의 재미있는 만남

ㄱ부터 ㅎ까지 초성만 적어놓고 떠오르는 문장을 아무렇게나 써봅시다. 내가 좋아하는 것 또는 기분 좋은 말을 생각나는 대로 써보는 거예요.

> **〈주제1〉 행복해지는 말 한마디**
> 예) ㄱ: 거울을 보면서 나에게 칭찬을 해보세요.

ㄱ

ㄴ

ㄷ

ㄹ

ㅁ

ㅂ

ㅅ

ㅇ

ㅈ

ㅊ

ㅋ

ㅌ

ㅍ

ㅎ

<주제2> 물건이 사람처럼 생각하고 행동한다면?
예) ㄴ : 냉장고 속의 유통 기한이 지난 우유가 화를 내뿜는다.

ㄱ

ㄴ

ㄷ

ㄹ

ㅁ

ㅂ

ㅅ

ㅇ

ㅈ

ㅊ

ㅋ

ㅌ

ㅍ

ㅎ

박경화의
『고릴라는 핸드폰을 미워해』

찬성과 반대 입장

★ 작은 실천을 일깨운 환경 이야기꾼 박경화

보통 문인이라고 하면 시나 소설을 쓰는 사람이라고 생각합니다. 하지만 현대 사회는 모든 사람이 작가가 되는 세상입니다. SNS를 통해서 자신의 생각을 전 세계로 내보냅니다. 환경, 정치, 과학, 요리, 예술, 건축, 농사 등 다양한 일을 하는 사람들이 자신의 분야에서 글을 씁니다. 여러분이 지향해야 할 글의 종류도 아마 이러한 것이지 않을까요. 전문 지식을 바탕으로 자신의 생각을 대중에게 표현하는 것 말입니다.

꼭 대학교수나 박사 등의 전문가만 책을 쓰는 것이 아닙니다. 고민 중인 일상의 문제를 책으로 써낼 수도 있습니다. 박경화 작가는 환경 문제를 고민하다가 책을 쓰기 시작했다고 합니다. 그녀는 우리나라에서 가장 영향력 있는 환경 운동가 중 한 명입니다. 1988년부터 환경 단체 녹색연합의 활동가로 일하면서 환경 문제 현장을 찾아다녔습니다. 『도시에서 생태적으로 사는 법』을 출간한 이후 『여우와 토종씨의 행방불명』, 『신통

방통 에너지를 찾아 떠난 이상한 나라의 까만 망토』 등을 펴내며 사람들이 환경 문제에 관심을 갖도록 강연 활동을 해오고 있습니다.

우리가 먹는 밥, 마시는 물, 입는 옷, 살고 있는 집까지 환경 문제는 언제 어느 곳에서든 발생할 수 있습니다. 아토피, 호흡 장애, 만성 알레르기 등의 증상은 환경 문제와 연관되어 있을 가능성이 큽니다. 박경화 작가는 어려운 환경 용어를 설명하기보다 핸드폰, 나무젓가락, 비닐봉지, 냉장고, 세탁기와 같이 일상생활에서 우리가 흔히 사용하는 물건들이 어떻게 생겨났는지를 말합니다. 어쩌면 사람들은 환경을 파괴하는 재료로 만들어진 물건을 즐겨 사용하고 있는지도 모르죠.

2006년 출간된 후 환경 분야 스테디셀러인 『고릴라는 핸드폰을 미워해』는 중학교 국어 교과서에도 실렸습니다. 그녀는 재미있고 유쾌하게 읽힐 수 있는 환경 책을 쓰는 게 앞으로의 목표라고 합니다. 독자들이 자신의 책을 읽고 물과 전기를 아끼려고 노력하게 됐다는 소감을 전할 때, 책을 통해 가치관이 바뀔 수도 있겠다고 느꼈다고 해요. 더 많은 사람들이 다양한 관점을 가진 환경 책을 펴내도록 긍정적인 영향을 줄 거라고 포부를 밝힙니다. 모든 사람이 각자의 분야에서 각자의 경험을 책으로 펴낼 때 의미 있는 세상이 될 수 있습니다.

나는 무엇에 관심이 있는지 고민하다 보면 글의 주제가 넘쳐날 거예요. 거창한 주제가 아니어도 됩니다. 관찰만으로도 재미있는 글을 쓸 수 있습니다. '어린이들이 좋아하는 과자 리뷰하기', '시판 라면 하나씩 모두 먹어보고 후기 작성하기', '우리 동네 맛집 소개하기', '키 크는 방법 몽땅 조사하기' 등 쉽게 쓸 수 있는 주제부터 하나씩 조사해서 쓰는 것도 좋습니다.

환경 운동가로 활동하는 박경화 작가도 관심사를 고민하다가 글을 쓰기 시작했어요. 여러분들도 관심사를 글로 표현하는 연습을 해보기 바랍니다.

⭐ 내가 쓰는 물건이 환경을 파괴한다고?

『고릴라는 핸드폰을 미워해』는 노래로도 창작되었습니다. 가수 서율이 책의 내용을 바탕으로 작곡했습니다. 가사를 보면 콩고에 사는 고릴라가 살 곳이 없다고 합니다. 아프리카 중부에서 생산되는 콜탄이라는 원료는 원래 아주 싼 광석이었습니다. 하지만 핸드폰, 노트북, 제트 엔진 등의 원료로 쓰이면서 고가로 수출되는 광석이 되었지요. 가난한 아프리카 농부들은 콜탄을 캐기 위해 너도나도 광산으로 몰려들었습니다. 노동자들은 열악한 작업 환경으로 각종 사고 위험에 처하는가 하면, 온종일 일해도 쥐꼬리만 한 일당만 주어질 뿐이었어요. 중개상들이 막대한 이윤을 취했기 때문이에요.

콜탄 개발은 환경 문제도 야기했습니다. 세계문화유산 카후지-비에가(Kahuzi-Biega)국립공원의 자연환경이 파괴되고 있어요. 사람들이 몰리면서 해마다 국립공원의 숲은 황폐해지고, 이곳에 사는 코끼리와 고릴라는 죽어갑니다. 돈에 눈먼 사람들은 이 개발을 멈추지 않아요.

 우리가 아무 생각 없이 쓰고 버리고 또 사는 물건이 아프리카의 자연을 파괴하고, 죄 없는 동물들을 이유 없이 죽게 만드는 결과를 낳았습니다. 미래에 살아갈 후대에게 고스란히 피해가 돌아가겠죠. 노트북이나 핸드폰 등의 가전제품은 신제품이 나오면 나올수록 환경이 파괴되는 것이랍니다. 무조건 새것을 사기보다는 지속가능한 지구 생태계를 고민하는 소비를 해야겠죠. 세상에 존재하는 모든 것은 연결되어 있으니까요. 작은 변화 하나만으로도 지구 환경에 의미 있는 변화를 일으킬 수 있습니다.

 환경 이야기꾼으로 널리 활동하는 박경화 작가는 『고릴라는 핸드폰을 미워해』에서 지속가능한 생태적 삶을 위한 실천법을 공유합니다. 환경을 지키기 위한 노력이 꼭 거창할 필요는 없습니다. 일상생활에서 오늘 당장, 실천할 수 있는 사소한 것부터 시작해보자고요!

🌟 하나의 논제 속에 숨겨진 양면성

『고릴라는 핸드폰을 미워해』를 읽고 따라 해볼 글쓰기 훈련은 무엇일까요? 찬성과 반대, 두 가지 논리로 주장을 펴는 글을 써보는 것입니다. 하나의 논제에 대해 찬성과 반대 입장을 정해놓고 글을 쓰기 위해서는 뒷받침할 만한 근거가 필요합니다. 내가 맞고, 너는 틀리다는 식의 오류를 범하지 않기 위해서는 양면성을 고려해야 합니다.

예를 들어볼까요?

요즘 저출산으로 국가가 위기에 처했다는 말까지 나옵니다. 결혼과 출산을 장려하는 사회 분위기를 만들려고 하는데요. 그럼에도 불구하고 결혼하지 않거나 아이를 낳지 않으려는 사람들이 늘어나고 있습니다. 왜 그럴까요? '결혼을 꼭 해야 한다' 또는 '아이를 꼭 낳아야 한다'는 주장에 대해 찬성과 반대 입장으로 나눠 생각해봅시다.

'결혼을 꼭 해야 한다'라는 주장에 찬성하는 근거는 다음과 같습니다.

- 결혼하고 아이를 낳아야 자손을 번성시킬 수 있다.
- 결혼하지 않고 혼자 살면 외롭고 쓸쓸한 노후 생활을 보낼지도 모른다.
- 배우자로 인해 성숙한 인간관계를 배울 수 있다.
- 사랑하는 사람과 함께 사는 것은 행복한 일이다.

반면 '결혼을 꼭 해야 한다'라는 주장에 반대하는 근거는 다음과 같습니다.

- 가부장적인 사회 분위기 탓에 여자가 감당해야 할 몫이 너무 많다.
- 남자도 가족을 부양해야 한다는 책임감에 심적 고충을 느낀다.
- 가족 제도가 변화하고 있다. 결혼하지 않고 친구나 동료 등과 공동체 생활을 하는 사람들이 늘어나는 추세다.
- 결혼식 비용, 내 집 마련 등 경제적으로 큰 부담을 져야 한다.

다양한 사회 현상에 대해 찬성과 반대 입장으로 나눠 글을 써봅시다. 두 가지를 염두에 두고 글을 쓰다 보면 생각은 더욱 정교해질 것입니다.

⭐ 주장을 뒷받침하는 근거 제시하기

다음의 현상을 찬성과 반대 입장으로 나눠서 정리해봅시다.

✏️ 여성의 전유물이었던 화장에 도전하는 남성들이 많습니다. 외모에 신경을 쓰는 모습이 이제는 자연스럽게 느껴질 정도입니다. 오히려 이렇게 하지 않으면 도태되는 듯한 분위기가 조성되기도 합니다. 남성들이 외모를 가꾸는 현상에 대해 찬성과 반대 두 가지 입장으로 나눠서 생각해봅시다.

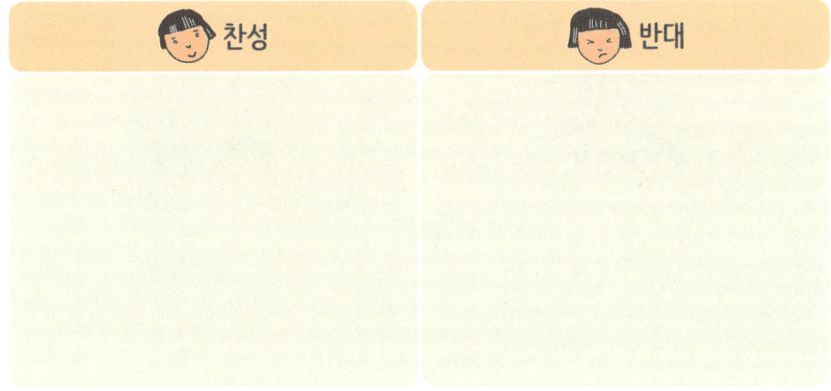

✏️ 금연 아파트를 지정하여 아파트 전체를 금연 구역으로 만드는 곳이 늘어나고 있습니다. 담배 냄새를 없앨 뿐 아니라 아파트 화재 예방에도 도움이 된다고 이야기합니다. 금연 아파트를 지정하는 것에 대해 찬성과 반대 두 가지 입장으로 나눠서 생각해봅시다.

✏️ 요즘 중학생은 자유학기제 수업을 합니다. 시험 없이 한 학기에서 1년간 흥미와 적성을 찾아 나가는 시간을 보냅니다. 자유학기제를 운영하면서 시험이 없어 좋다는 학생도 있지만, 그렇지 않은 학생도 있습니다. 시험을 치르지 않는 것에 대해 찬성과 반대 두 가지 입장으로 나눠서 생각해봅시다.

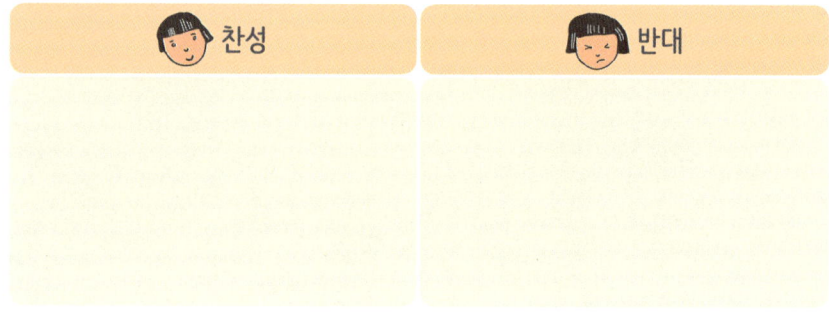

안도현의

「우리가
눈발이라면」

눈과 귀를 사로잡는
이름 짓기

⭐ 자연에서 시적 영감을 얻은 안도현

안도현 시인이 쓴 동화 『연어』는 100만 부가 넘게 팔린 책이에요. 20년 넘게 사람들에게 사랑받는 책을 어떻게 하면 쓸 수 있을까요? 안도현 시인은 천부적인 문학적 재능을 타고난 시인은 없다고 말합니다. 시를 쓰고자 하는 사람이 자신의 문학적 재능에 대해 회의하거나 한탄할 필요는 전혀 없다고 강조했습니다. 오히려 시를 쓰지 못하는 것은 게으름의 문제라면서 자신의 열정을 믿고 노력하라고 조언했습니다. 모든 글쓰기는 재능보다 열정, 훈련, 연습이 뒷받침되어야 합니다.

제가 들은 이야기 하나 소개할게요. '혁이삼촌'이라는 닉네임으로 블로그에 글을 쓰는 이동혁 작가는 대학을 다닐 때 안도현 시인에게 배웠다고 해요. 국문학과 교수로 학생을 가르치던 안도현 시인은 "시를 잘 쓰려면 풀과 나무 이름을 잘 알아야 한다"라고 하셨대요. 그날로 식물도감을 사서 풀과 나무 이름을 공부하기 시작했습니다. 그런데 시를 쓰려고

국문학과에 들어갔는데, 나무와 풀에 대한 공부가 더 재미있어진 거예요. 이동혁 작가는 현재 국립수목원에서 일하고 있으며, 〈조선비즈〉에 '이동혁의 풀꽃나무이야기'를 연재합니다.

그렇다면 안도현 시인은 어떻게 시인의 길로 들어선 걸까요? 그는 경상북도 예천의 낙동강 자락에서 자랐습니다. 사람살이의 따뜻함 같은 것은 외갓집의 벽장이나 군불을 지피던 아궁이에서 터득했다고 말합니다. 어린 시절 환경이나 자연 등에서 영향을 받은 것이겠죠.

안동과 대구에서 초등학교를 다녔고, 중학교 때는 미술반에서도 활동했습니다. 하지만 고등학교 때는 문예반에 들어가서 글을 씁니다. 전국 각종 백일장과 문예 현상 공모전에서 수십 차례 상을 받기도 합니다. 문예장학금 때문에 원광대학교 국어국문학과에 입학한 후 시를 쓰게 됩니다. 졸업 후에는 육군 방위병으로 근무하는 도중 아버지가 돌아가시는 일을 겪기도 했어요.

1985년 이리중학교 국어 교사로 부임하여 첫 시집을 출간하고 시인으로서 활동을 시작합니다. 그런데 전국교직원노동조합에 가입했다는 이유로 이리중학교에서 해직됩니다. 전교조 활동을 하면서 어려운 시절을 보내죠. 1994년 장수산서고등학교로 복직합니다. 이때 산골에서 자연을 접하며 생명의 가치를 깨달았다고 합니다. 산과 들, 개울과 나무, 잠자리와 버들치, 애기똥풀, 호박씨 등이 시적 영감을 주었습니다. 1997년 교사직을 그만두고, 전업 작가 생활로 들어섭니다.

그는 시를 제일 잘 쓰는 시인은 아니지만 시를 제일 많이 쓰는 시인이라고 스스로를 소개합니다. 쉽게 읽히고 편하게 접할 수 있는 시가 더 중요하다고 했어요. 참, 어릴 때부터 책을 좋아하고 시 쓰기를 좋아했던 아이는 아니라고 합니다. 일기 쓰기가 너무 싫어서 시처럼 줄여서 쓰는 것이 습관화된 것이 아닐까 우스갯소리를 하기도 했죠. 예전부터 좋아했던 시인은 백석, 지금도 좋아하는 시인은 백석이라고 하면서 백석의 생애를 쓴 『백석 평전』을 펴내기도 했습니다.

★ 감성과 이성과의 조화

우리가 눈발이라면

안도현

우리가 눈발이라면

허공에서 쭈빗쭈빗 흩날리는

진눈깨비는 되지 말자

세상이 바람 불고 춥고 어둡다 해도

사람이 사는 마을

가장 낮은 곳으로

따뜻한 함박눈이 되어 내리자

우리가 눈발이라면

잠 못 든 이의 창문가에서는

편지가 되고

> 그이의 깊고 붉은 상처 위에 돋는
> 새 살이 되자

　　안도현 시인의 부드럽고 따뜻한 모습이 그대로 묻어나는 시가 바로 「우리가 눈발이라면」입니다. 시인은 우리에게 진눈깨비가 아닌 함박눈이 되자고 합니다. 잠 못 든 이에게는 편지가 되고, 상처 위에 돋아나는 새살이 되자고 합니다. 이웃과 더불어 따뜻한 삶을 살고자 하는 소망을 노래한 시입니다.

　　함박눈 하면 어떤 느낌이 드나요? 소복소복 내리는 함박눈은 추운 곳을 덮어주는 이불 같습니다. 세상을 온통 따뜻하게 덮어주는 이불 말이에요. 함박눈은 포근한 느낌인 데 반해, 진눈깨비는 칼바람에 흩날리는 매서운 느낌입니다. 비와 눈이 섞여 내리면서 사람의 옷깃을 파고들어 차갑게 만들기 때문일까요. 삭막하고 고된 현실을 비유하죠. 진눈깨비가 아닌 함박눈이 되어 내리자는 것은 추운 날 서로 격려하며 위로를 전해 주자는 뜻입니다.

　　이 시에서는 편지가 되고 새살이 되자고 권합니다. 편지를 받으면 기분이 어떤가요? 나를 걱정하고 위로하는 편지 한 줄이 마치 큰 선물처럼 다가옵니다.

안도현 시인은 시를 읽는 이유를 일상의 탈출구를 찾기 위해서라고 말합니다. 문학은 입시를 위해 공부해야 하는 과목을 넘어 우리의 삶을 위로하는 편지가 될 수 있다고 말이죠. 지루하게 반복되는 삶에서 자유로움을 느끼게 하는 도구가 바로 시입니다.

상처가 나서 피부가 곪거나 까진 곳은 시간이 지나면 자연스레 새살이 올라옵니다. 아픈 것이 낫기 시작하죠. 새살이 나면서 상처는 덮어집니다. 모든 사람의 상처를 보듬어줄 수 있는 새살이 되자고 시인은 이야기해요. 안도현 시인의 시는 따뜻한 세상을 꿈꾸는 소리 없는 외침입니다.

★ 보이지 않는 관념을 언어화하기

〈도전! 직업 체험〉이라는 EBS 방송 프로그램에서 '네이미스트(namist)'라는 직업을 소개한 적이 있습니다. 네이미스트란 기업명, 브랜드명, 도메인, 인명 등을 전문적으로 짓는 사람을 말합니다. 소비자의 마음을 뒤흔드는 이름을 지어야 하기 때문에 관찰력, 상상력, 창조력 등이 요구됩니다. 시를 쓰는 일처럼 무에서 유를 창조하는 일이라 할 수 있습니다.

침대는 가구가 아니라는 유명한 카피가 있죠. 독특하고 강렬한 카피 한 줄로 침대 회사는 마케팅 효과를 크게 보았습니다. 광고를 한 후 전체 매출이 10퍼센트 성장했다고 합니다. 초등학교 시험 문제에서 '다음 중 가구가 아닌 것은?'이라는 질문에 정답을 '침대'라고 썼다는 일화가 있을 정도예요.

'사랑하면 알게 되고 알게 되면 보이나니 그때 보이는 것은 전과 같지 않으리라'는 조선 후기 정조 시대 문장가 유한준이 남긴 명언입니다. 이처럼 입장을 바꿔 생각하고, 감정을 이입하는 훈련이 필요합니다. 특히 요즘에는 기업명과 브랜드명을 들으면 바로 어떠한 가치가 머릿속에 즉각 그려지는 이름이 많습니다. 소비자의 욕망을 움직이게 만드는 것이죠.

배달 앱인 '배달의 민족'은 수많은 배달 음식점 전단을 애플리케이션으로 만들어놓은 것입니다. '마이리얼트립'은 전 세계 73개국 400여 개의 도시에서 11,000개 이상의 맞춤 여행 상품을 선보입니다. 부동산을 일일이 찾아다니며 발품을 팔던 시간을 대체한 부동산 정보 플랫폼인 '직방'은 어떤 서비스를 제공하는지 단번에 알 수 있죠. 브랜드명을 잘 지은 덕분에 상품의 혜택과 가치까지 한 번에 얻어가게 되었습니다.

기업, 음식점이나 빵집, 거리, 건물 등의 이름을 내 마음대로 창조해볼까요? 시를 짓듯이 언어의 마술사가 되어 이름을 짓는 연습을 해봅시다.

⭐ 내가 만약 네이미스트라면

네이미스트가 되어 상품이나 장소의 이름을 지어봅시다. 각 콘셉트에 맞춰서 내가 직접 지어보는 거예요. 혹시 모르죠. 여러분이 만든 이름의 회사 대표가 될 수도 있으니까요. 독특한 개성을 담아서 지어봅시다.

상품(장소)	콘셉트	내가 지은 이름
서점	지혜, 만남, 혁신, 탐색	예) 지혜의 숲, 책에서 찾은 길, 동동책방
꽃집	선물, 놀라운, 따뜻한, 특별한	예) 해피 플라워, 소담 꽃집, 비밀의 화원
아이스크림	시원한, 달콤한, 알록달록	
어린이 음료수	건강, 키 쑥쑥, 안전	

커피숍	분위기, 향기, 원두, 다양한
정육점	저렴한, 신선한, 동네
생선 가게	싱싱한, 살아 있는, 깨끗한
학교	초등학생, 신나는, 재미있는
빵 가게	구수한, 유기농, 새로운, 풍부한
김밥	아삭아삭, 야채, 좋은 재료, 엄마
동네 골목길	친근한, 편안한, 친구, 추억
미술관	창조성, 지역 기반, 소통, 예술
영어 학원	쉬운, 즐거운, 놀이, 노래
떡볶이 가게	빨간, 학창 시절, 매운, 간식
화장품	촉촉한, 꿀 피부, 매끈한, 화사한

법정의

「먹어서
죽는다」

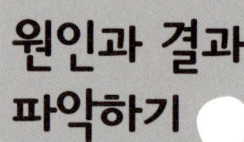

원인과 결과
파악하기

⭐ 불교 가르침을 누구나 알기 쉽게 풀어낸 법정

법정 스님은 한국의 대표 승려이자 수필가로 알려진 분입니다. 법정 스님의 수필은 담담하면서도 쉽게 읽히는 것으로 유명합니다. 『무소유』는 1976년 4월 출간된 이후 우리 시대 최고의 베스트셀러이자 스테디셀러가 되었습니다. 스님이라서 불교와 관련한 글만 썼을 거라고 생각하지만, 군사 독재를 비판하는 글을 신문에 기고한 적도 있습니다. 자신의 인세도 형편이 어려운 사람들에게 전액 기부해 책 제목처럼 무소유의 삶을 몸소 보여주었습니다.

법정 스님은 입적하기 전 몸뚱이 하나를 처리하기 위해 소중한 나무를 베지 말라고 당부했습니다. 자신이 죽으면 강원도 오두막 앞에 늘 좌선하던 커다란 너럭바위가 있으니 남은 땔감을 가져다가 그 위에 얹어놓고 화장해달라는 유언을 남겼습니다. 또한 수의는 절대 만들지 말고 입던 옷을 입혀서 태워달라고 했으며, 타고 남은 재는 오두막 뜰 철쭉나무 아래 뿌려달라고 부탁했습니다. 그것이 자신이 꽃에게 보답하는 길이라고 덧붙이면서 말이죠. 자신의 죽음이 세상에 떠들썩하게 알려지는 것을 원치 않았습니다. 자신의 이름으로 출간된 출판물도 더 이상 출판하지 말라고 했어요.

1932년 태어난 법정 스님은 한국 전쟁을 겪으며 인간의 존재에 의문을 갖고 대학 3학년 때 출가합니다. 원래는 오대산으로 떠나려고 했대요. 그런데 눈길로 차가 막혀 서울 안국동 계시던 효봉 스님을 만나 그 자리에서 머리를 깎고 행자 생활을 시작합니다.

불교계뿐 아니라 모든 국민에게 사랑받는 글을 쓴 법정 스님은 평생 불교 가르침을 잊지 않았습니다. 자신이 창건한 길상사의 회주를 맡았을 뿐, 사찰 주지를 한 번도 지내지 않은 것으로도 유명해요. 어디에도 매이지 않는 자유인이 되고 싶은 마음으로 살았습니다.

법정 스님은 해인사에 살 당시 팔만대장경이 있는 장격각을 가리켜 "빨래판같이 생긴 것이요?"라는 아주머니의 물음을 듣고 고민에 빠졌습니다. 아무리 뛰어난 지혜와 자비의 가르침도 알아볼 수 없는 글자로 남아 있는 한 한낱 빨래판에 지나지 않는다는 점을 깨달았다고 해요. 그래서 종교의 본질을 누구나 쉽게 알 수 있는 언어로 알려주고자 했습니다. 쉬운 경전 해설과 대중적인 글쓰기로 사람들의 마음을 움직였습니다.

★ 문제 해결의 기술

중학교 1학년 국어 교과서에 수록된 「먹어서 죽는다」는 법정 스님의 수필입니다. 79년 불교 인생을 사는 동안 채식을 했던 스님이 먹는 것에 대한 위험, 그리고 어리석은 식생활을 비판한 글입니다. 수입 쇠고기, GMO(유전자 변형 농산물), 성장 호르몬, 제초제 등이 먹거리에 고스란히 노출되어 있습니다.

> 우리나라는, 한반도의 남쪽은 어디를 가나 온통 먹을 거리의 간판들로 요란하다. 도심에서 조금만 벗어나면 웬 '가든'은 그리도 많은지, 서너 집 건너 너도나도 모두가 가든뿐이다. 숯불갈비집을 가든이라고 부르는 모양이다.

「먹어서 죽는다」는 이렇게 시작합니다. 짧은 수필이지만 이 속에 먹거리의 문제점이 드러나 있습니다. 1960년대 도시화와 산업화 이후 식생활이 채식에서 육식으로 바뀌게 됩니다. 전 세계 곡물의 생산량 3분의 1이 이상을 소, 닭, 돼지 등의 가축이 먹습니다. 실제로 고기를 생산하는 데 곡물 소비가 급증합니다. 1파운드 쇠고기를 생산하기 위해 16파운드의 곡식을 사료로 사용합니다. 또한 고기 소비로 심혈관 질환이나 암 발생률이 높아집니다. 쇠고기 문화권에서 심장병 발생률이 채식 문화권보다 50배 더 높다는 연구 결과도 있습니다. 너무 먹어서, 기름지게 먹어서 죽게 되는 것이죠.

최단 시간에 가축을 성장시키기 위해 성장 호르몬을 촉진하거나 항생제를 투여합니다. 태어나자마자 거세되고 약물이 주입되는 소들은 옥수수나 사탕수수, 콩과 같은 곡물을 먹는데, 이 곡물도 제초제 덩어리입니다. 그러한 짐승과 곡물을 먹는 인간은 당연히 병에 걸릴 수밖에 없죠. 이러한 과정을 법정 스님은 「먹어서 죽는다」에서 밝히고 있습니다. 살기 위해 먹는 것이 아니라 죽기 위해 먹는 어리석은 일을 범하는 것입니다.

이 글을 통해 우리는 조상들처럼 채식 위주의 식생활을 하거나 소식해야 한다고 주장할 수 있습니다. 많이 먹고 많이 버리는 현대인의 탐욕을 비판할 수도 있죠. 여러분은 고기를 먹는 일에 대해서 어떻게 생각하나요? 고기를 먹는 일에 대해서 어떤 고민도 해보지 않았나요?

미국 공중위생국의 한 보고서에 따르면 1987년에 사망한 210만 명의 미국인 중 150만 명은 지나친 지방 섭취 때문에 사망에 이른 것이라고 합니다. 특히 미국에서 흔히 발병하는 대장암은 육식과 관계있다는 결과도 나왔습니다. 말 그대로 먹어서 죽는다는 결론이 내려지는 것이죠.

원인을 찾다 보면 자연스레 해결책도 떠오르게 됩니다. 문제-원인-해결책을 순차적으로 생각하는 글을 쓰면 자연스레 문제 해결력이 키워집니다. 병원에서도 병을 치료할 때 원인을 알면 자연스레 증상이 해결되는 것처럼 말입니다. 글쓰기에서도 의사 선생님이 필요하겠죠.

⭐ 왜 이런 일이 일어난 거지?

어려움에 닥쳤을 때 원인을 찬찬히 살펴보면 오히려 쉽게 해결될 때가 있습니다. 예를 들어 '우리 엄마는 설거지하는 것을 싫어해요'라는 문제가 있어요. 이 문제의 원인을 생각해보는 거예요. 엄마가 왜 설거지를 싫어하게 되었는지 말입니다.

1) 물 한 잔 마신 컵도 식탁이나 책상 등 아무 데나 놓아둔다.
2) 밥을 먹는 시간이 제각각이다 보니 차리고 치우는 데 시간이 걸린다.
3) 손에 습진이 생기고 갈라져서 설거지하기 힘들다.

이러한 내용을 담아 한 편의 짧은 글을 써볼까요?

〈예〉

우리 엄마는 설거지를 싫어한다. 엄마는 왜 설거지를 싫어하는 걸까? 대화를 통해서 그 원인을 알게 되었다.

우선 가족들이 물을 먹거나 음료수를 먹은 뒤 아무 곳에나 컵을 둔다. 식탁이나 책상, 바닥 등에 두는 탓에 일일이 가져다가 설거지를 해야 한다. 그리고 여러 번 밥을 차리는 것이 힘들다고 한다. 엄마는 아침에 제일 먼저 나가는 아빠 밥을 차리고, 그다음 나와 동생의 밥을 차린다. 저녁에도 두 번씩 나눠서 밥을 차릴 때가 있다. 당연히 설거지 양도 그만큼 늘어난다. 마지막으로 설거지를 자주 해서 손에 습진이 생기는 바람에 불편하다고 한다. 연고를 바르고 로션을 발라도 물에 자주 닿으면 손이 갈라진다.

엄마의 이야기를 듣고 보니 해결책을 찾아봐야 할 것 같다. 적어도 각자 먹은 그릇을 스스로 설거지하도록 하거나, 되도록 가족이 함께 밥을 먹는 것이다. 엄마 생일 때는 핸드크림을 사드려야겠다.

원인을 살펴보면 하나의 현상을 다양한 각도로 바라보게 됩니다. 여러분도 원인을 고민하는 글쓰기로 자신의 생각을 한번 정리해보세요.

 다각도로 분석해보기

다음의 현상에 대해 원인 및 해결책을 정리해봅시다. 글로 써보는 것입니다.

〈현상1〉

요즘 라면을 너무 많이 먹는다. 성장기에는 라면과 같은 인스턴트식품이 안 좋다고 하는데, 라면을 거의 하루에 한 번씩 먹는 것 같다.

원인   1.

　　　 2.

   3.

해결책 1.

   2.

   3.

> **〈현상2〉**
>
> 거의 매일 늦잠을 자느라 학교에 지각한다. 9시까지 등교인데 딱 맞춰서 가거나, 10분 정도 늦을 때가 많다.

원인 1.

   2.

3.

해결책　1.

　　　2.

　　　3.

〈현상3〉

스마트폰 사용 시간이 너무 길다. 하루에 대여섯 시간씩 할 때도 있고, 주말에는 거의 온종일 하기도 한다. 스마트폰이 없으면 불안하다.

원인　1.

　　　2.

3.
- -

해결책 1.
- -

2.
- -

3.
- -

중학교 국어 교과서 수록 도서

01. 조지 오웰의 『동물농장』
02. 작자 미상, 「아기장수 우투리」
03. 허먼 멜빌의 『필경사 바틀비』
04. 윤동주의 「새로운 길」

PART 04

술술 읽히는 글은 따로 있다

주제가 있는 한 편의 글 완성하기

조지 오웰의

『동물농장』

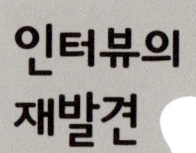

인터뷰의
재발견

⭐ 정치적이고 투쟁적인 삶을 산 조지 오웰

조지 오웰은 영국 식민지였던 인도에서 태어났습니다. 영국 최고의 명문 사립학교 이튼 칼리지를 마친 후, 미얀마에서 인도 제국 경찰이 되었습니다. 하지만 식민지 경찰 활동에 대해 양심의 가책을 느끼면서 그만둡니다. 영국으로 돌아와 런던과 파리에서 자발적 부랑자 생활을 수년간 했습니다. 이후 논쟁적이고 정치적인 글을 쓰면서 투쟁적인 삶을 살았습니다. 노숙자가 된 것이죠. 이 체험을 바탕으로 『파리와 런던의 밑바닥 생활』을 펴내고 본격적으로 작가의 길을 걷습니다. 잉글랜드 북부 노동자들의 실상을 취재하는 글을 쓰기 위해 탄광 지대 광부 집이나 노동자들의 싸구려 하숙집에 머물기도 했습니다. 스페인 내전에 참전한 경험도 있습니다.

조지 오웰은 『동물농장』, 『1984』와 같은 문학 작품을 쓴 것으로 유명하죠. 마흔여섯 짧은 해를 살고 갔지만, 그의 문학적인 성취 및 삶의 치열함은 글 속에서 빛을 발합니다. 『위건 부두로 가는 길』의 첫 페이지는 북부 탄광 지대에서 묵었던 하숙집을 묘사하고 있습니다.

> 우리 침실에는 대개 네 명 정도가 함께 지냈다. 다른 방들과 마찬가지로 지독히도 불결한, 본 목적에서 벗어나는 방이었다. 몇 년 전만 해도 일반 주택이었던 이 집은, 브루커 부부가 인수하여 천엽 가게 겸 하숙집으로 바꿔놓았다. 부부는 쓸모없는 가구 몇 개를 함께 인수했으나 치워버릴 기력은 도저히 없었다. 때문에 우리는 아직도 겉보기에는 응접실 같은 방에서 잠을 잤다. 천장에는 묵직한 유리 샹들리에가 있었는데 먼지가 모피처럼 두툼하게 쌓여 있었다.

_ 조지 오웰, 이한중 옮김, 『위건 부두로 가는 길』, 한겨레출판사(2010), 11쪽

자신이 살고 있는 환경을 본 대로 썼습니다. 이외에도 노동자들이 받는 돈의 액수, 지출하는 항목 등을 정확히 써놓았습니다. 노동자와 행상인, 노숙자, 걸인, 범죄자 등과 어울리면서 방랑했던 경험이 글쓰기의 근간이 된 셈입니다. 조지 오웰은 최하류 계급과 어울리면서 보고 듣고 느끼고 질문한 것을 고스란히 글로 남겼습니다. 노동자에 대한 따뜻한 시

선은 바로 경험에서 비롯된 것입니다.

조지 오웰의 작품과 같은 글은 이 사회에 반드시 필요합니다. 사회의 변혁, 부조리한 현실을 드러내기 위한 지식인의 사명 같은 것이죠. 조지 오웰은 작가로서 사회의 진실을 드러내는 일을 해야 하며, 사회 활동에 끊임없이 참여하는 것이 작가의 몫이라고 여겼습니다.

여러분도 글을 쓸 때 사회 현실에 대해 비판 정신을 가졌던 작가를 기억하기 바랍니다. 모두가 각자 자기 목소리를 내고, 정치 현실을 비판할 줄 아는 글을 쓸 때 민주주의가 실현될 것입니다.

⭐ 작가 또는 등장인물과의 가상 인터뷰

우리가 조지 오웰처럼 노숙인 생활을 하면서 글을 쓰는 것은 사실상 불가능합니다. 하지만 인터뷰, 즉 질문을 통해서 상대방과 얼마든지 가까워질 수 있습니다. 인터뷰란 특정한 목적을 가지고 개인이나 집단을 만나 정보를 수집하고 이야기를 나누는 것입니다. 인터뷰를 통해 상대방을 이해하게 되고, 몰랐던 세상을 알게 됩니다. 그럼 인터뷰를 하기 위해서는 어떻게 해야 할까요?

인터뷰는 인터뷰어(인터뷰하는 사람)가 인터뷰이(인터뷰받는 사람)에게 질문을 함으로써 시작됩니다. 조지 오웰은 아마도 끊임없이 인터뷰하는 사람이었을 거예요. 자신이 만나는 사람들에 대해 묻는 것을 멈추지 않았으리라 짐작합니다.

조지 오웰의 『동물농장』은 농장에서 벌어진 돼지들의 반란을 다룬 우화 소설입니다. 수퇘지 메이저 영감의 호소에 힘입어 가축들이 반란을 일으킵니다. 농장주인 존스를 내쫓고 동물들이 스스로 농장을 경영합니다. 사람이 아닌 돼지가 농장을 경영하는 상황이 벌어집니다. 나폴레옹, 스노볼, 스퀼러의 지도 아래 평등한 동물 공화국을 건설하기 위해 모든 동물들이 열심히 일해요.

그러나 풍차 건설이라는 거대한 미션을 계기로 주동자들 간의 권력 투쟁이 벌어집니다. 나폴레옹은 현실주의자였고, 스노볼은 이상주의자였습니다. 둘 간의 압력 다툼에서 스노볼이 축출됩니다. 나폴레옹은 간교한 스퀼러를 대변자로 내세워 독재 체제를 만듭니다. 돼지에 대해 불평하거나 항의하는 동물들은 첩자로 몰아 숙청하기도 합니다. 작업량은 늘어나고, 식량 배급은 줄어듭니다. 인간인 존스가 농장을 운영할 때와 다르지 않습니다.

반면 지배계급 돼지들은 존스보다도 더욱 사치스러운 생활을 하며 호의호식합니다. 술을 마시고, 침대에서 자고, 옷을 입고, 학교를 짓고, 계급을 만듭니다. 나중에는 인간과 돈거래까지 합니다. 인간 사회의 악폐를 그대로 답습하고 맙니다. 이상 사회를 꿈꾸던 돼지들의 혁명은 이내 타락해버렸습니다.

이 책을 읽고 나면 무수히 많은 질문이 떠오를 거예요. 나폴레옹이나 유일하게 등장하는 인간, 쫓겨난 농장주인 존즈에게 인터뷰를 청할 수도 있습니다. 또는 작가 조지 오웰에게 궁금한 것들을 물어볼 수도 있죠. 가상 인터뷰를 해보는 것입니다. 책을 읽은 친구들과 서로 역할을 정해 인터뷰하면서 묻고 답해보세요.

⭐ 원하는 바를 이끌어내는 질문의 힘

　선생님은 기자 생활을 오랫동안 하면서 인터뷰를 많이 해보았습니다. 인터뷰는 조사와 취재 등의 목적을 가지고 개인 및 집단에게 행해지는 것으로, 질문과 대답을 주고받는 것이죠. 서로 대화를 나누는 것과 인터뷰는 어떤 차이점이 있을까요? 일상 대화와 인터뷰는 분명 다른 점이 있습니다.

　바로 '질문의 기술'입니다. 인터뷰어는 인터뷰이에게 질문을 통해서 원하는 방향의 메시지를 얻습니다. 모르는 것은 물어보라는 말이 있죠. 누군가의 생각을 알기 위한 가장 쉽고 빠른 방법은 물어보는 것입니다. 질문은 생각의 힘을 키우는 과정입니다. 유대인 속담에 '좋은 질문을 던지는 사람이 리더가 된다'라는 말이 있습니다. 의문을 품고 질문하는 과정을 통해 자기만의 생각을 갖게 됩니다. 질문은 단 하나의 정답만을 요구하지 않습니다. 열린 답변이 얼마든지 가능합니다.

또한 인터뷰를 통해 사람을 이해하는 폭이 넓어집니다. 위인전이나 인물을 다룬 책을 읽는 것보다 직접 그 사람과 만났을 때 훨씬 친밀한 감정을 갖게 되죠. 평범한 내 주변의 사람도 인터뷰를 하다 보면 인간적인 면모나 배울 점을 항상 발견하게 되니까요. 개인적으로 선생님은 사람을 알아가는 최고의 수업이 인터뷰가 아닐까 생각합니다.

인터뷰를 그대로 옮겨놓기만 해도 괜찮은 글 한 편이 완성됩니다. 말로 쓰는 글이라고 할 수 있죠. 여러 명이 한 사람을 정해 인터뷰할 수도 있고, 한 사람이 여러 명에게 인터뷰할 수도 있습니다. 심지어 책 속의 인물에게 가상 인터뷰를 하며 상상력을 발휘한 글을 쓸 수도 있습니다.

책을 읽다가 주인공 또는 작가에게 질문하고 싶을 때가 있을 거예요. 직접 만날 수는 없지만, 내가 주인공의 입장에서 가상의 대답을 해볼 수는 있겠죠. 상상 인터뷰를 해보는 것은 자유입니다.

인터뷰 연습을 친구와 한번 해봅시다. 자신이 좋아하는 사물 한 가지를 적어보는 거예요. 예를 들어 재혁이라는 친구가 '고양이'라고 썼습니다. 이를 인터뷰어 역할을 맡은 친구가 질문하고 기록합니다.

- 고양이를 키워본 적이 있어?

- 고양이 말고 강아지는 별로 안 좋아해?

- 언제부터 고양이를 좋아하게 되었어?

- 고양이가 생긴다면 어떤 이름을 짓고 싶어?

- 고양이 집사가 된다면 어떻게 키울 거야?

- 고양이를 키울 때 힘든 점은 없을까?

- 고양이는 어떤 습관이 있는 것 같아?

- 왜 사람들은 고양이 같은 애완동물을 키울까?

- 사람에게 애완동물이 반드시 필요한 걸까?

- 고양이의 가장 큰 장점은 뭐라고 생각해?

이렇게 질문과 대답을 이어나갑니다. 가벼운 인터뷰만으로도 글쓰기가 가능합니다. 서로 질문을 많이 주고받으면 뇌는 끊임없이 생각합니다. 우리의 뇌는 질문을 받으면 대답하려고 하는 반사작용이 있다고 합니다. 스티브 잡스도 끊임없는 질문을 통해서 아이폰이나 맥 등의 상품을 만들어냈죠.

인터뷰를 통해 어떻게 글을 쓰면 좋을까요? 예를 들어보겠습니다.

〈예〉

어른이 되면 꼭 고양이를 키울 거야!

고양이를 좋아하는 초등학교 6학년 이재혁 어린이를 만나보았습니다. 애완동물로 사랑받고 있는 고양이는 인간의 친구와 같습니다. 이재혁 어린이는 고양이를 키워본 경험은 없지만, 어른이 되어 혼자 살게 되면 꼭 고양이를 키우겠다고 합니다. 고양이에 대한 궁금증을 물어보았습니다.

Q 고양이의 어떤 점이 가장 좋은가요?
A 고양이는 생각보다 조용하고 깨끗한 동물이에요. 매일 자신의 털을 핥으면서 목욕하고, 자신이 배변한 곳을 정확히 찾습니다.

Q 고양이와 개가 다른 점이 있다면?
A 고양이는 혼자 두어도 잘 지내는 편이지만, 개는 함께 놀아주고 산책도 자주 해주어야 해요. 바쁜 현대인들이 키우기 좋은 애완동물은 고

양이라고 생각합니다.

Q 길고양이를 혹시 집에 데리고 온 적이 있나요?
A 길에서 떨고 있는 새끼 고양이가 불쌍해서 집에 데리고 왔는데, 몇 달 후에 병에 걸려 죽었어요. 안타깝습니다.

고양이에 대해 이재혁 어린이와 이야기를 나누면서 몰랐던 사실을 많이 알게 되었습니다. 특히 가엾다고 해서 길고양이 새끼를 쉽게 데려와서 기르면 안 된다는 것, 애완동물로 기르다가 키우기 힘들다고 함부로 버리면 안 된다는 것 등입니다. 동물을 사랑하는 마음으로 키워야지 마냥 예쁘고 귀엽다고 해서 애완동물을 키워서는 안 되는 것이죠. 짧은 시간 고양이라는 주제만으로 즐거운 이야기를 나누었습니다. 인터뷰 글쓰기의 재미를 느끼게 되었습니다.

이렇게 간단히 인터뷰 글쓰기를 해보는 거예요. 다양한 방식의 인터뷰 글쓰기를 연습해봅시다.

⭐ 어떻게 질문하면 좋을까?

1. 한 권의 책을 정한 다음 작가 또는 등장인물에게 하고 싶은 질문을 적어봅시다.

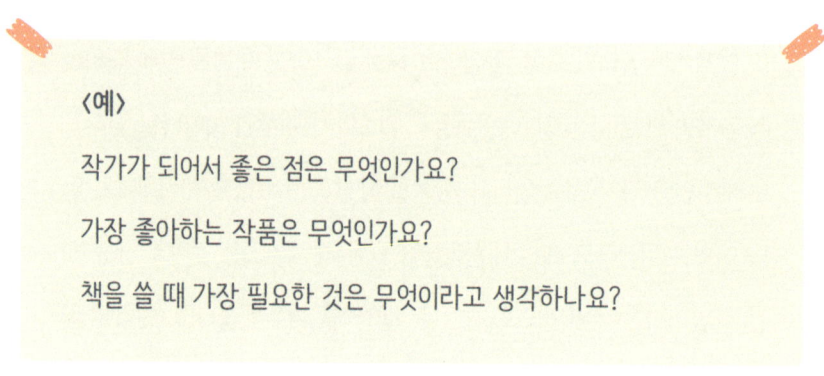

〈예〉

작가가 되어서 좋은 점은 무엇인가요?

가장 좋아하는 작품은 무엇인가요?

책을 쓸 때 가장 필요한 것은 무엇이라고 생각하나요?

- ----
- ----
- ----

- --
- --
- --
- --
- --
- --

2. 부모님께 평소 하고 싶었던 질문을 적어봅시다.

〈예〉

어린 시절 꿈은 무엇이었나요?

십 대 시절 가장 친했던 친구는?

방과 후에는 주로 뭘 하고 놀았나요?

- --
- --

- --
- --
- --
- --
- --
- --
- --
- --

작자 미상,
「아기장수
우투리」

옛이야기를
새롭게 각색하기

⭐ 입에서 입으로 전해져 내려오는 설화

설화는 신화, 전설, 민담 세 가지로 나뉩니다. 세 가지는 분명한 경계가 있는 것은 아니며, 서로 넘나들기도 합니다. 구전되어 온 옛이야기는 구조가 명확하고 말하는 사람이 계속 수식을 덧붙여가면서 전해집니다. 설화는 바로 구전하기에 적합한 잘 짜인 구조가 특징입니다. 표현도 단순하여 언제든지 구연될 수 있습니다.

일반적으로 민중들의 이야기라고 생각하지만, 양반 또는 지식인 사이의 전승 설화도 많습니다. 구전 설화는 다양한 버전이 존재합니다. 배경도 제각각이고, 전해오는 지역도 여러 곳입니다. 영웅의 출현을 통해 부패한 세상의 개혁을 원하는 바람이 이야기에 스며들기도 합니다. 그래서 새드(sad) 엔딩도 적지 않습니다. 기존의 권력에 대항하여 맞서기에는 나약한 백성들의 모습이 담겨 있기 때문입니다.

보통 설화는 '호랑이 담배 피우던 시절'이라면서 시작됩니다. 언제, 누가 지었는지 몰라서 그렇겠죠. 군데군데 잊어버려도 자기 마음대로 각색하면 됩니다. 하나의 완결된 형태의 기록물이 아니다 보니, 처음과 마지막이 완전히 달라지기도 합니다.

내용으로는 비현실적인 면이 더 많습니다. 허황된 이야기, 하늘에서 갑자기 떨어지거나 사라지는 이야기, 설명할 수 없는 이야기 등이죠. 논리적으로 설명되지 않는다고 하여 설화가 가치 없다고 할 수는 없습니다. 왜냐하면 삶의 지혜와 교훈이 담겨 있으니까요. 오랫동안 사람들의 사랑을 받으면서 설화가 전해 내려온 이유는 재미와 함께 배움이 크기 때문입니다. 권선징악 같은 교훈적 주제도 있고, 인간의 보편적인 삶이 드러나 있습니다.

설화를 통해서 옛이야기에 빠져보는 것은 책을 읽는 재미 중 하나입니다. '옛날 옛날에 ○○이 살았는데…' 이렇게 시작되는 이야기를 통해 우리는 상상의 세계로 빠져듭니다. 창작자의 의도를 전혀 알 수 없는 까닭에 설화는 지금도 재탄생될 수 있는 변화무쌍한 힘을 갖고 있습니다.

우리도 설화처럼 함께 만드는 이야기 창작자가 되어볼까요? 뚜렷한 창작자가 없다는 점은 누구나 작가가 될 수 있다는 용기를 북돋아줍니다. 자신이 글쓰기 스승이 될 수 있다는 자신감을 갖게 해줍니다.

⭐ 설화 속에 담긴 인간 군상

「아기장수 우투리」 설화는 경남 밀양시 산외면 용산 마을 가난한 농가에 태어난 아기장수 이야기입니다. 어미가 방아품을 팔고 오니 삼칠일도 지나지 않은 아이가 날아가 천장에 붙어 있었습니다. 남편에게 그 사실을 전하자 관가에서 알면 큰 해를 미칠 것이니 아이를 죽이자고 합니다. 그런데 기름틀에 넣고 호박돌과 나락 한 섬으로 눌러도 아이는 죽지 않았습니다. 나락 두 섬을 실었더니 기름틀이 끄덕끄덕하고, 나락 세 섬을 실었더니 벌벌 떨다가 마침내 죽게 됩니다.

아기장수는 죽을 때 유언으로 콩 닷 섬과 팥 닷 섬을 같이 묻어달라고 합니다. 얼마 후 관군이 아기장수를 잡으러 왔다가 부모의 실토로 무덤에 가보니 콩은 말이 되고, 팥은 군사가 되어 막 일어나려 했습니다. 아기장수는 끝내 부활하지 못하고, 관군에게 들켜 다시 죽고 맙니다. 아기장수를 태울 용마가 나와서 주인을 찾아 헤매 울며 공중을 선회하다 죽습니다. 그리고 바위에는 아직도 그 피의 흔적이 남아 있다는 전설이 전해집니다.

부모에 의해서, 나중에는 관군에 의해서 반역죄로 죽게 되는 「아기장수 우투리」 설화는 지역에 따라 다양하게 변형되었습니다. 부모가 아기장수를 죽일 때 돌 대신 곡식을 넣은 자루나 맷돌 안반을 사용하기도 했습니다. 또한 아기장수가 콩 100알을 빠짐없이 볶아달라고 유언을 남긴 경우도 있습니다.

왜 사람들은 영웅을 기대할까요? 먹고살기 힘든 때일수록 영웅을 기다립니다. 세상을 변혁할 존재 말이죠. 겨드랑이에 날개가 달린 우투리는 태어난 모습 자체가 기이합니다. 한눈에 봐도 남달라 보이는 외모와 비범한 능력 때문에 우투리의 부모는 집안에 화를 입게 될까 근심하죠. 영웅은 탄생부터 특별했음을 강조하는 부분이기도 합니다.

설화에서 부모나 관군은 현재의 상태를 유지하고자 하는 기존 세력이라 할 수 있습니다. 반면 아기장수 우투리는 미래를 여는 새로운 시대의 주역입니다. 많은 사람이 역사의 변화나 개혁을 원치 않습니다. 바뀌기 위해서는 기존의 질서가 깨어져야 하기 때문이에요. 「아기장수 우투리」 설화를 통해 우리는 과거 민중의 소망을 들여다볼 수 있습니다.

⭐ 함께 떠나는 상상력 여행

설화는 공동체의 힘으로 만들어진 상상의 이야기입니다. 능력이 출중한 어느 한 사람이 아닌 다수의 생각으로 변형되고 가공됩니다. 기승전결의 이야기 구조 속에 끊임없이 새롭게 달라집니다.

어떤 것도 정답이라고 할 수 없습니다. 시대와 대상에 맞게 달라지는 것이 이야기의 속성입니다. 끊임없이 영화나 드라마, 소설 등으로 옛이야기가 각색되는 이유도 여기에 있습니다. 옛이야기를 패러디하거나 뒷이야기를 내 마음대로 각색해보는 것 모두 상상력의 힘이 구체화되는 것이죠.

한 명이 아닌 여러 명과 함께 이야기를 만들어보는 것은 어떨까요? 스토리텔링 그림카드인 도란도란 카드를 활용해봅시다. 퀼트라는 바느질 기법은 여러 조각 천을 모아 하나의 커다란 작품으로 만드는 것입니다. 퀼트처럼 그림카드를 모아 함께 이야기를 만들어보세요. 상상력은 보이지 않는 것을 볼 줄 아는 능력입니다. 그림을 연결 짓고, 서사를 엮어나가면 상상력의 힘을 키울 수 있습니다.

100장의 도란도란 카드 더미에서 한 장을 꺼내 이야기를 시작합니다. 그다음 사람이 이야기를 이어나갑니다. 이어나갈 때 논리성을 부여하되 자유롭게 상상합니다. 결말을 미리 정한 후 이야기를 마무리해도 좋고, 마지막 주자가 이야기를 마무리해도 좋습니다. 함께 만든 이야기를 글로 작성해보고 제목을 지어보세요.

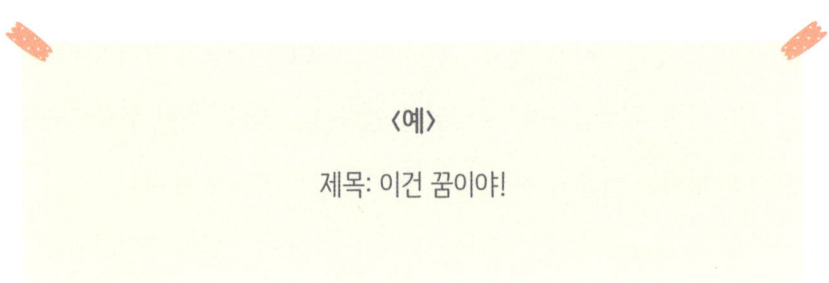

〈예〉

제목: 이건 꿈이야!

멀리 배 한척이 항구로 다가오는 것 같았어요. 자세히 보이지 않았지만, 북한 깃발을 단 어선 같았어요.

배에 탄 사람들은 몇 년 전에 발생한 연평해전이 생각나서 두려웠어요. 무전으로 해양경비대에 연락을 취했어요.

선원 중 한 명은 고기를 팔아 번 돈으로 식구들과 행복한 시간을 보내려고 했어요. 집에 있는 아이들이 떠올랐어요. 과연 집에 돌아갈 수 있을까?

두려움에 떨었죠. 혹시 자신이 유령이 되어 집으로 돌아가는 것은 아닐까, 가족들이 사라지는 것은 아닐까 걱정스러웠어요.

순간 깜짝 놀라 허겁지겁 일어났어요. 일어나보니 배 위에서 잠깐 잠이 들었던 거예요. 모두 꿈이었어요.

⭐ 내 마음대로 이야기 재배치하기

다음 여섯 장의 도란도란 카드를 활용하여 친구들과 자유롭게 이야기를 만들어봅시다. 그림의 순서는 뒤바꿔도 좋습니다. 여러 가지 버전으로 다양하게 생각해보세요.

허먼 멜빌의
『필경사 바틀비』

창조적으로
모방하기

⭐ 19세기 미국 문학을 대표하는 작가 허먼 멜빌

미국 뉴욕 출생의 작가 허먼 멜빌의 유년 시절은 풍요롭고 부유했습니다. 아버지가 무역상을 했다고 합니다. 그러나 허먼 멜빌이 열세 살 때 아버지가 파산하고 세상을 떠나자 가세가 급격히 기울었습니다. 학교를 그만두고 은행과 상점의 잔심부름, 농장일, 학교 교사 등을 하며 생계를 꾸려나갔습니다. 심지어 스무 살에는 상선의 선원이 되어 영국의 리버풀까지 항해하기도 합니다. 스물두 살에는 포경선(고래잡이배)의 선원이 되어 남태평양으로 나갔습니다.

이러한 경험은 작품의 소재가 됩니다. 허먼 멜빌은 『타이피』, 『오무』와 같은 해양 모험 소설을 썼습니다. 대표작으로는 『백경』이 있습니다. 『모비 딕』으로도 알려진 이 소설은 에이허브 선장이라는 고집스러운 성격의 인물이 머리가 흰 거대한 고래를 쫓아 사투를 벌이는 이야기입니다. 포경선 선원들의 모습을 생생하게 그리고 있습니다.

『모비 딕』은 인간 심리의 근원을 비유적이고 상징적으로 묘사한 작품이라는 평을 받습니다. 하지만 당시에는 초판 3,000부도 팔리지 않아 허먼 멜빌은 생활고에 시달렸다고 합니다. 출판사 화재로 작품이 불타서 사라지는 악재까지 겹치죠. 현재는 미국 문학을 대표하는 작가라고 일컬어지는 것은 물론, 교과서에도 그의 작품이 다양하게 수록되어 있습니다. 비유와 상징으로 읽어야 하는 작품인 만큼 해석이 다양합니다.

『필경사 바틀비』는 복사기가 없던 시절 필사를 하고, 글자 수대로 돈을 받던 직업인 필경사에 대한 이야기입니다. 허먼 멜빌은 자신만의 글을 창작하는 작가는 아니었습니다. 생계를 유지하기 위해 헐값에 글을 쓰기도 했습니다. 어쩌면 자신을 영혼 없이, 의미 없이 글을 쓰는 필경사로 여긴 것은 아닐까요.

⭐ 필경사 바틀비는 무슨 생각을 했을까?

월 스트리트에서 성공한 변호사는 자신이 지금까지 만난 사람 중 가장 기묘한 남자인 바틀비에 대해 이야기합니다. 사업이 번창하면서 새 필경사를 고용하는데, 그의 이름은 바틀비였습니다. 어딘지 쓸쓸해 보이는 바틀비는 자신이 맡은 일을 빈틈없이 완벽하게 처리했습니다. 마치 오랫동안 필사에 굶주려 문서로 실컷 배를 채우듯이 일했습니다. 변호사는 바틀비의 근면함에 기뻐합니다.

그러던 어느 날 변호사가 평소처럼 일을 맡기자 바틀비는 돌연 "안 하는 편을 택하겠습니다"라고 대답합니다. 변호사는 혼란에 빠집니다. 대체 안 하는 편이 무슨 뜻일까요?

바틀비는 점점 일은 하지 않고 창문 건너편의 벽을 바라보면서 그저 멍하니 있습니다. 변호사는 너무도 당황스러운 나머지 바틀비를 설득해 보려 하지만, 그는 마법과도 같은 주문으로 응답합니다. "안하는 편을 택하겠습니다"라고 반복적으로 말할 뿐이죠.

하루 종일 일하지도 않고 침묵한 채 밤까지 자리를 지킵니다. 휴일에 변호사는 자신의 사무실에 들렀다가 바틀비가 있는 것을 발견합니다. 집에도 가지 않고 바틀비는 사무실에서 살고 있었습니다. 시간이 지나면서 바틀비에 대한 변호사의 감정은 연민에서 노여움으로 바뀝니다. 정직하고 근면했던 바틀비에게 신뢰를 느꼈었기에 더욱 분노에 찼죠.

바틀비는 그 어떤 대답도 거부했습니다. 심지어 합리적인 사람이 되지 않는 편을 택하겠다고 말하기도 합니다. 결국 시키는 일은 하지 않는 사람이 되었습니다. 바틀비를 해고하거나 설득조차 하지 못하고 변호사는 사무실을 옮깁니다. 나중에 바틀비는 유치장에 갇히게 됩니다. 변호사는 안타까운 마음에 점점 여위어가는 바틀비에게 사식까지 넣어주고 관심을 보입니다. 그러던 중 충격적인 소식을 듣습니다. 바틀비가 식사를 거부하고 굶어 죽었다는 것입니다. 식사하지 않는 편을 택한 것이죠.

얼마 후 변호사는 바틀비에 대한 소문을 듣게 됩니다. 과거 수취인 불명 우편물을 처리하는 사무실에서 일하다가 잘렸다고 합니다. 수취인 불명 우편물은 받는 사람이 없는 편지입니다. 그 편지에 얼마나 많은 절절

한 사연이 담겨 있었을까요? 갈 곳 잃은 우편물을 불태우며 바틀비는 무슨 생각을 했을까요? 변호사의 탄식과 함께 소설은 끝을 맺습니다.

★ 문학적 감각을 기르는 방법

소설가는 하나의 세계를 창조하는 사람입니다. 하지만 창조 이면에 모방의 과정이 분명 있습니다. 소설가의 문장을 나의 문장으로 바꿔 쓰는 연습으로 글쓰기 실력을 향상할 수 있습니다. 다음의 문장은 『필경사 바틀비』[허먼 멜빌 글, 하비에르 사발라 그림, 공진호 옮김, 문학동네(2011)]를 참조해서 선생님이 바꿔본 것입니다.

> 나의 사무실은 월 스트리스 ○○번지 2층에 있었다. 사무실의 한쪽에서는, 천장에 채광창을 낸 넓은 통풍로의 흰색 내벽이 내다보였다. 이 공간은 1층에서 옥상까지 건물을 수직으로 관통했다.(11쪽)

다른 장소를 묘사하는 문장으로 바꿔볼 수 있습니다.

초등학교에 다닐 당시 나의 집은 성동구 옥수동에 있었다. 집으로 들어가는 한쪽 문은 파란색이었다. 안으로 들어서면 시멘트 계단이 나왔고, 다섯 계단쯤 내려가면 다시 방으로 들어가는 유리문이 나왔다. 벽지는 곰팡이와 습기 때문에 너덜너덜했다.

어떤가요? 소설을 쓰는 것이 어렵지 않죠? 다음의 문장도 살펴보고 바꿔 써봅시다.

낮에는 햇빛 아래, 밤에는 촛불을 밝히고 계속 필사했다. (27쪽)

낮에는 운동장에서, 밤에는 실내 체육관에서 계속 농구를 했다.
낮에는 병원에서, 밤에는 편의점에서 일을 했다.
낮에는 교실에서, 밤에는 내 방에서 계속 만화를 그려댔다.

여러 가지 변형이 가능합니다.

난생처음 나는 감당할 수 없을 정도로 가슴 아린 우수에 사로잡

했다.(47쪽)

난생처음 나는 감당할 수 없을 정도로 고통스러운 슬픔에 사로잡혔다.
난생처음 나는 감당할 수 없을 정도로 희망이 벅차올랐다.
이렇게 크고 으리으리한 건물을 본 것은 난생처음이었다.

어떤가요? 모방은 창조의 어머니라는 말이 생각납니다. 소설가의 문장을 모방하고 변형하여 써보는 것만으로도 글쓰기 실력은 빠르게 향상됩니다.

★ 따라 쓰면서 내 것으로 만들기

다음의 예문을 모방하고 변형하여 자신만의 스타일로 새롭게 만들어 봅시다.

거울속의나는왼손잡이오
내악수(握手)를받을줄모르는—악수를모르는왼손잡이오

_이상,「거울」

이 마을 전설이 주저리주저리 열리고

먼 데 하늘이 꿈꾸며 알알이 들어와 박혀

_이육사, 「청포도」

점순이는 뭐 그리 썩 이쁜 계집애는 못 된다.

_김유정, 「봄봄」

선술집은 훈훈하고 뜨뜻하였다. 추어탕을 끓이는 솥뚜껑을 열 적마다 뭉게뭉게 떠오르는 흰 김, 석쇠에서 뻐지짓뻐지짓 구워지는 너비아니구이며 저육이며 간이며 콩팥이며 북어며 빈대떡…… 이 너저분하게 늘어놓인 안주 탁자, 김 첨지는 갑자기 속이 쓰려서 견딜 수 없었다.

_ 현진건, 「운수 좋은 날」

내 마음의 어딘 듯 한편에 끝없는 강물이 흐르네

_김영랑, 「끝없는 강물이 흐르네」

사막이 아름다운 것은 그 어딘가에 샘을 감추고 있기 때문이야.

_생텍쥐페리, 『어린왕자』

윤동주의
「새로운 길」

시의 언어로
만나는 일상

★ 조국의 아픔과 인생의 고뇌를 노래한 윤동주

윤동주 시인은 너무도 유명한 우리나라 대표 시인이죠. 2017년은 윤동주 탄생 100주년이라고 해서 다양한 행사가 많이 치러졌어요. 그는 1917년 만주의 북간도 명동촌에서 태어나 기독교인 할아버지의 영향을 받으며 자랐습니다. 서울 연희전문학교 문과를 졸업한 후, 도쿄 릿쿄대 영문과에 입학했다가 쿄토 도시샤대 영문과로 편입합니다. 항일 운동을 했다는 혐의로 일본 경찰에 체포되어 2년형을 선고받고, 후쿠오카 형무소에서 복역하기도 했습니다. 건강이 악화되어 1945년 2월, 스물여덟 젊은 나이에 생을 마감합니다. 옥중에서 정체 모를 의문의 주사를 정기적으로 맞았다는 보고가 있어요. 생체 실험의 일환이었다는 주장도 제기됩니다.

윤동주는 고종사촌이자 동창인 송몽규와 함께 〈새 명동〉이라는 월간 잡지를 등사판으로 만들면서 처음 시를 썼다고 합니다. 본격적으로 쓴 것은 열여섯 살 이후입니다. 그는 모든 시에 시를 쓴 날짜를 표기했어요. 다음에 소개할 「새로운 길」은 연희전문학교 문과에서 발행한 학우회지 〈문우〉에 발표한 시입니다. 연희전문학교에서 보낸 4년은 윤동주의 시 세계가 영글어간 시기라고 합니다. 열아홉 편의 시를 묶은 자선 시집 『하늘과 바람과 별과 시』를 졸업 기념으로 출간하려 했지만, 결국 하지 못했습니다. 일본 유학 수속을 위해 히라누마로 창씨개명을 해야 했기 때문이에요.

내 나라 말과 글을 자유롭게 쓸 수 없었던 이십 대 시절 윤동주 시인의 좌절과 고통은 얼마나 극심했을까요. 답답한 심정을 시로 적는 것만이 그의 유일한 탈출구였습니다. 독립운동가처럼 총을 쏘며 투쟁하지는 않았지만, 따뜻함과 그리움의 시로 윤동주는 우리 가슴속에 기억됩니다. 시 한 편이 때로는 큰 힘을 발휘할 수도 있음을 깨닫습니다.

윤동주 시인은 '하늘을 우러러 한 점 부끄럼이 없도록' 살고 싶어 했습니다. 스스로 항상 거울에 비춰보는 삶을 살라는 뜻일까요. 2015년에는 영화 〈동주〉가 개봉되어 사람들에게 많은 울림을 주었습니다.

그의 시 중에 「쉽게 씌어진 시」가 있습니다. 글쓰기가 쉽다는 것은 부끄러운 일이라고 합니다. 일제 치하에서 살기 힘든 시절 글쓰기가 쉽다는 것은 올바로 살고 있지 않다는 자각이었습니다. 현재 연세대학교 '핀슬홀'은 윤동주가 생활하던 공간입니다. 1922년에 지어진 유서 깊은 벽돌 건물은 앞으로 윤동주 기념관으로 운영될 것이라고 합니다. 건물 앞쪽에는 윤동주의 「서시」 시비가 있습니다.

★ 시인의 마음에 비친 새로운 세상

윤동주의 「새로운 길」은 1938년 5월 10일 연희전문학교에 입학해서 쓴 시입니다. 새로운 생활에 접어든 청년의 희망과 들뜬 마음을 나타내고 있습니다.

새로운 길

윤동주

내를 건너서 숲으로
고개를 넘어서 마을로

어제도 가고 오늘도 갈
나의 길 새로운 길

민들레가 피고 까치가 날고

아가씨가 지나고 바람이 일고

나의 길은 언제나 새로운 길

오늘도…… 내일도……

내를 건너서 숲으로

고개를 넘어서 마을로

　내일은 내일의 태양이 떠오를 거라는 마음으로 조선의 독립을 이루리라는 염원을 담은 시입니다. 새 학기가 되어 학년이 올라가거나 새로운 직장에 첫 출근할 때 새로운 미래를 기대하죠. 설레는 기분을 시인은 '새로운 길'이라고 표현했습니다. 윤동주 시인이 이 시를 썼을 당시 연희전문학교에 입학한 감회가 얼마나 컸을까요. 만주 땅에서 태어나 어렵사리 연희전문학교에 입학했으니까요.

　사실 연희전문학교에 입학하는 것은 쉽지 않았습니다. 명동 소학교 시절 아동 잡지를 구독하며 문학적 감수성을 키워왔고, 고종사촌인 송몽규 등의 학우와 함께 동요나 동시를 썼었죠. 그러나 아버지의 반대가 심했습니다. 이상과 현실의 갈등 때문이었겠죠.

아버지는 윤동주에게 의학 공부를 권했습니다. 내성적인 성격 탓에 아버지와 정면으로 충돌할 수 없었기에 답답한 가슴만 안고 시골 산기슭을 방황하고 배회했습니다. 오랜 시간 아버지와의 갈등 끝에 할아버지의 중재로 마침내 문과 전공을 택하게 됩니다. 그야말로 새로운 길이 활짝 열리는 기분이었을 것입니다.

이 시에서 길은 우리의 삶, 인생을 상징합니다. 어떠한 길이 우리 앞에 펼쳐 있을지 모릅니다. 누구도 자신의 길 앞에서 무언가를 만나게 될지 알 수 없습니다. 하지만 길에서 민들레, 까치, 아가씨, 바람을 만나게 됩니다. 삶에서 만나는 다양한 존재들이죠. 반가움과 기쁨의 만남으로 우리는 수많은 경험을 얻습니다. 시인 역시 계속 앞으로 나아가면서 새로운 길에 서고 싶은 바람을 표현합니다.

「새로운 길」의 시비는 연희동 안산 공원에 위치해 있습니다. 윤동주에게는 교실과 하숙방이 창작의 장소였습니다. 정병욱 시인은 연희 숲을 누비고 서강 들을 꿰뚫는 산책을 두어 시간 즐기고야 돌아오곤 했다면서 회고합니다.

⭐ 시어로 마주한 일상의 풍경

한 편의 시를 읽고 다양한 생각을 하는 방법 중 하나로 시 일기 쓰기를 권합니다. 시 일기는 시에 등장하는 소재나 단어 등으로 자신의 일상을 써보는 것입니다. 시는 보통 어렵다고 여깁니다. 비유나 상징 등이 현실에 와 닿지 않을 때가 있기 때문이죠. 하지만 시에 함축된 의미를 지금 내 삶과 연결해보면 좀 더 쉽게 시를 읽을 수 있지 않을까요.

「새로운 길」의 시에서 선생님은 '마을' 그리고 '길'이라는 단어가 눈에 들어왔습니다. 오늘의 일기는 두 단어를 주제로 삼아 써보려고 합니다.

우리 동네 내가 좋아하는 길

나는 자전거를 타기 좋아한다. 자전거를 타면 마음이 뻥 뚫리는 것처럼 시원하기 때문이다. 자전거를 타기 좋은 길이 우리 동네에 있다. 한쪽에는 원천천이라는 개천이 흐른다. 그리고 한쪽에는 풀이나 나무, 꽃이 심어져 있는 길이다. 작은 개천을 사이에 두고 자전거를 타고 길을 달리면 기분이 상쾌하다. 자전거를 타고 광교 호수공원까지 가는 데 30분 정도 걸린다. 집으로 돌아오는 데도 30분 정도 걸린다. 1시간가량 자전거를 타면 온몸이 건강해지는 기분이다.

윤동주 시인은 「새로운 길」이라는 시에서 '나의 길은 언제나 새로운 길'이라고 했다. 나도 이 길을 여러 번 자전거로 달렸지만, 언제나 새롭다고 느낀다. 봄, 여름, 가을, 겨울 계절마다 새로운 길처럼 다가온다.

시 일기는 이렇게 시에서 찾은 한두 단어를 자신의 일상에 맞는 내용으로 바꿔 표현해보는 것입니다. 시의 구절을 인용해도 좋습니다. 자유롭게 일상을 쓰되 시인의 마음을 느껴보세요.

⭐ 오늘의 시 일기

윤동주 시인의 짧은 시 「나무」입니다.

나무

윤동주

나무가 춤을 추면
바람이 불고,

나무가 잠잠하면
바람도 자오.

이 시에 나오는 나무, 춤, 바람과 같은 단어로 오늘의 시 일기를 써볼까요? 시 일기 제목을 다양하게 지을 수 있겠죠.

〈예〉

내가 심은 나무 / 학예회에서 춤을 추다 / 바람이 몹시도 불던 오늘

이외에도 여러분이 지은 제목으로 시 일기를 적어보세요.

중학교 국어책이 쉬워지는 쓰기 수업

초판 1쇄 발행 2018년 3월 28일

지은이 김소라
펴낸이 이지은 **펴낸곳** 팜파스
책임편집 임소연
디자인 조성미 **마케팅** 정우룡
인쇄 (주)미광원색사

출판등록 2002년 12월 30일 제 10-2536호
주소 서울특별시 마포구 어울마당로5길 18 팜파스빌딩 2층
대표전화 02-335-3681 **팩스** 02-335-3743
홈페이지 www.pampasbook.com | blog.naver.com/pampasbook
이메일 pampas@pampasbook.com

값 12,000원
ISBN 979-11-7026-196-4 (73800)

ⓒ 2018, 김소라

· 이 책의 일부 내용을 인용하거나 발췌하려면 반드시 저작권자의 동의를 얻어야 합니다.
· 잘못된 책은 바꿔 드립니다.

이 도서의 국립중앙도서관 출판시도서목록(CIP)은 서지정보유통지원시스템 홈페이지
(http://seoji.nl.go.kr)와 국가자료공동목록시스템(http://www.nl.go.kr/kolisnet)에서
이용하실 수 있습니다.(CIP제어번호: CIP2018008127)